漫話媒體

作者序

數位媒體時代的隨身錦囊

許多調查發現都告訴大人們這一個事實：小孩不上學時最常做的事就是看電視和上網。還有層出不窮的研究提出警告：每天看電視時間超過兩小時，會為兒童和青少年帶來傷害與不良影響，像是容易過胖、變笨變傻、懶散被動、注

意力降低、扼殺想像力等。

我知道，這些大人所在意的「媒體的不良影響」你可能並不在乎。青少年對於媒體其實有更多的好奇；如果把發言權交給你們，大家都可以問出各式各樣令人意想不到的問題。例如，我被問過：「大頭貼機是不是媒體？」當時，我先告訴他

媒體的定義，再反問：「你說呢？」於是，我們一起討論出「大頭貼機並不是媒體」。但是，如果用手機把拍的大頭貼傳送給多位朋友，手機就扮演著媒體功能，大頭貼就成了媒體內容。

這一本書的寫作動機，就是為了滿足青少年們認識媒體的興趣。

透過訪談國小高年級同學以及國高中青少年，我蒐集了許多問題，並且將這些問題整理成六大方向，包括：

- 媒體特質：敘事方法、科技特性、生活應用等
- 媒體內容：新聞價值、兒童形象、假事件、新聞廣告化、廣告新聞化、再現、角色塑造等

- 媒體產製：製作流程、創意發想、特效、媒體行銷、說服技巧等
- 媒體行為：收視時間、網路交友、挑選節目、關機運動等
- 媒體影響：社會形象、健康影響、消息傳布等
- 觀眾權利：收視率、隱私權與肖像權、公益頻道等

「幹嘛用這麼難的詞？」有人大概會這麼說；因為，我總得表現出練了十五年的媒體教育家功夫嘛！然而，在本書裡就會解釋清

楚呵！在每篇文章裡，先以漫畫畫出同學的疑問；接著，由我上場舉例、解釋——「Talk一番」，再轉入「觀察交流站」，提供分析與思辨媒體的方向；至於專業名詞，則由「關鍵祕密」來破解。打通理解的任、督二脈，鍛鍊出媒體素養基本功，這些詞彙就再也難不倒你了。

數位媒體時代來臨了，新的技術創造各種製作媒體的可能性。做為數位潮流下的使用者，我們不僅要會聽及看媒體，更必須學著「用」媒體，培養「作自己的媒體」的能力。希望這本書解答了你對媒體的

疑惑，成為你優游數位媒體時代的隨身錦囊。

節目表

綜合臺

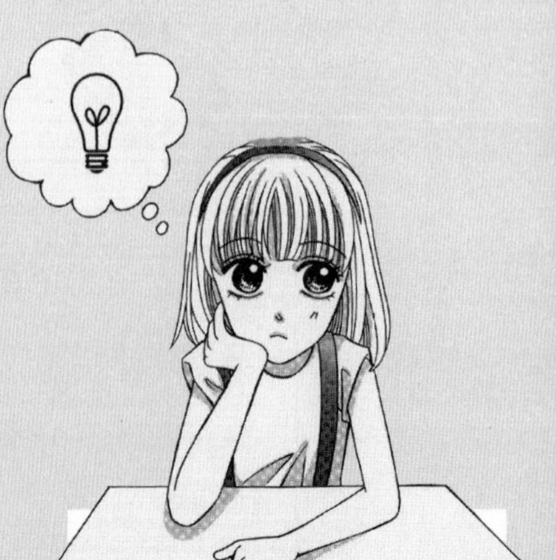

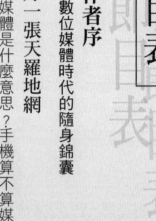

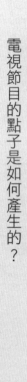

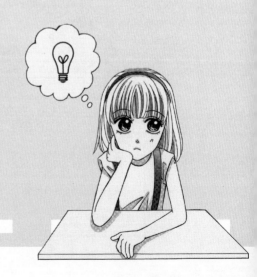

戲劇臺

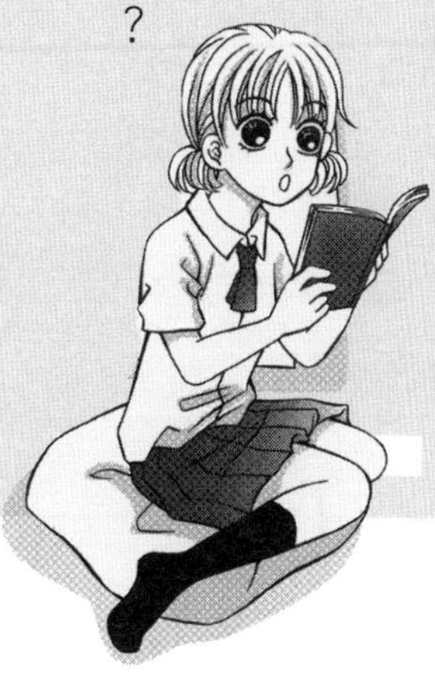

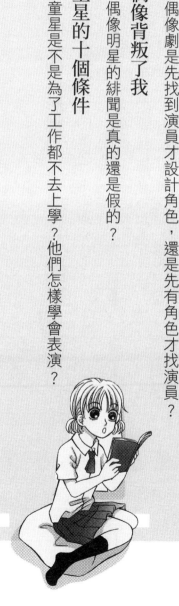

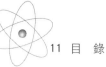

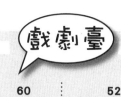

新聞臺

購物臺

公益臺

綜合臺

好一張天羅地網

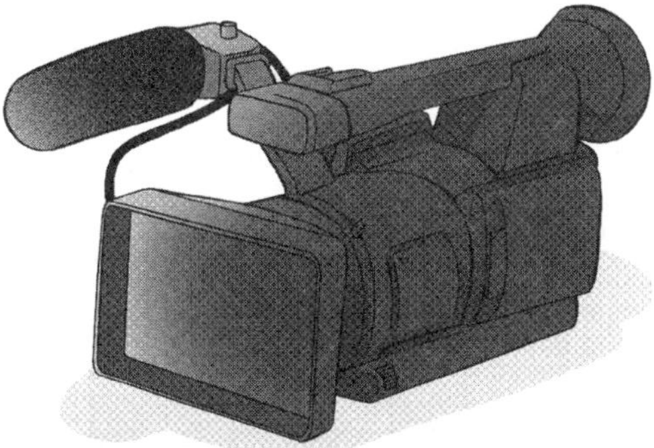

媒體是什麼意思？

手機算不算媒體？

為什麼電視、報紙、廣播都叫做「媒體」？
水果報
FM96.3
有一天，我們全家到墾丁國家公園玩。
墾丁國家公園
遊客中心的「多媒體簡報」其實就是放映影片，像看電視一樣。
如果用手機看影片，那手機是不是也可以叫做「媒體」？

簡單說來，「媒體」一詞的廣義是指能夠呈現文字、聲音或影像等訊息，並且不斷傳遞的媒介工具，例如報紙、書刊、電視、廣播等，都是媒體——它是傳播者傳遞訊息給接受者的媒介工具，讓雙方達到溝通的目的。

縮小範圍來說，老師請你幫忙通知某某同學到辦公室找他，你到這位同學面前傳達了老師說的話；這時候，你就是擔任「媒體」的角色。所以，人可以說是最早出現的媒體。

人和人面對面傳遞消息，稱為「親身傳播」。但是，隨著科技的發展，人發明了許多工具來取代親自載送訊息；例如，用文字寫下來，再使用印刷機大量複製在紙上。

人也發明了許多方法，讓消息能傳送到更遠的地方。例如，電話是透過線路傳送聲音；廣播和電視則是利用無線電波和光纖承載著聲音和影像，傳播到每一個可以收到的地方。如今，「媒體」一詞已經成為各種傳播工具的總稱，無所不在，就像看不見的天羅地網般，包圍著我們的日常生活。

媒體所傳遞的訊息可以有許多表現的形式，包括文字、繪畫、照片、影片、動畫、音樂、旁白、歌唱等等；如果訊息是利用多種表現形式組合創作而成，就可以稱作「多媒體」。當你欣賞標榜「多媒體」的影片、展覽或表演時，不妨更仔細的觀察，你所看到或聽到的訊息涵蓋了哪些形式？播送訊息的工具有哪些？

媒體家族成員龐大，以受眾多寡來分類的話，能把消息傳給很多人的工具——電視、報紙、廣播，屬於「大眾媒體」；相對的，電話、傳單、海報等只能把消息傳給少數人的工具，則屬於「小眾媒體」。

至於電腦和手機，如果使用在非關傳遞與溝通訊息的用途上，它們並不能算是媒體。事實上，電腦初發明時，並不是被當成媒體使用，而是一種快速的「計算機」（computer）；在一般家庭裡，電腦最普遍的應用是作為打字機。

但是，一旦和網路連結，不管是透過有線或無線方式傳輸內容，電腦和手機就迅速轉變為具有互動性的新媒體。每個人都可以擔任接受者，也可以擔任傳播者的角色；例如，你不僅可以用手機看影片，還能錄製影片，並且傳送這些影片給朋友。

一個小學四年級男孩告訴我，他主張「機器人」也是媒體，因為「機器人會講話」、「機器人服務人類」、「機器人需要電才能用」；我聽了只能搖搖頭，因為這樣還不能列入媒體家族。最後他說：「如果機器人裝了電腦，電腦再連上網路，就可以聽得懂人類的話，它也會回答問題。」

我同意了他的這個主張。

新媒體的形式充滿各種可能性，什麼奇特的溝通方式都可能誕生。

觀察交流站

媒體集團

較大規模的媒體企業，通常會投資兩種以上的不同媒體；例如，同時出版報紙和雜誌，甚至還擁有電視臺；或者一家電視臺同時經營多個頻道。

請你拿一份報紙上的電視節目表，觀察電視頻道的名稱：

- 哪些頻道可能是屬於同一個媒體集團？
- 這個媒體集團是不是還經營了電視之外的媒體？
- 公共電視、客家臺、原民臺是屬於臺灣公共廣播電視集團，這些臺的共同特色是什麼？
- 媒體集團對觀眾的收視權利有什麼優點？
- 媒體集團對觀眾的收視權利有什麼缺點？

關鍵祕密

新媒體

意指由電腦和網路功能衍生出來的傳播方式。新媒體出現後，傳統媒體並不一定會被淘汰，它們也懂得利用新媒體發展出新的傳播形式；例如，報社可同時發行報紙和電子報。

光纖

全名是光導纖維，由玻璃絲製成、用來傳輸光波的工具。由於光前進的速度比電快，而且光纖的傳輸損耗低，即使長距離傳送資料也能很快送到；想用網際網路觀看影片，也會迅速送來。

亮不亮有關係

用電腦看DVD為什麼比在電視上看不清楚？

數位電視和電腦有什麼不同？

我家的電視機壞了，哥哥買了電視卡裝在電腦上，直接用電腦看電視，
我也只能用電腦播放喜歡的DVD。
咦？電腦看到的畫面沒有電視上清楚耶！
就是這樣啊，能看就好了。
爸爸說，等買了液晶電視後，
就能看高畫質節目，還可以用電視上網。
奇怪？
那為什麼要分電腦和電視呢？

你有沒有看過大型運動比賽或慶典活動時的舉色板排字幕？一塊塊獨立的色板經過有秩序的排列，從遠處看就是有意義的字或圖案；如果動員越多人來舉色板，排出來的字幕就越細緻，即使近距離也能看懂所呈現的字與圖。

你在螢幕上看到的畫面，是由無數光點組合而成，就像是用色板排出來的圖像，每塊色板都是一個組合圖像的元素，稱作「像素」。像素是長方形或方形的點；一幅畫面組成的像素越多，越接近原始的影像。

我們用「解析度」來描述影像細節的分辨能力，螢幕解析度通常以每一方向上的像素量來表示。例如，640×480代表橫向640像素和縱向480像素，每格畫面總共有307200像素的解析度。

傳統電視解析度通常是640×480，電腦螢幕可達到1024×768以上，DVD畫質則是720×480。因為電視螢幕解析度與DVD接近，所以能清楚的顯現畫面；如果在電腦上播DVD，影像必須放大才能填滿螢幕，看起來就不夠細膩了。

高畫質電視是指解析度1280×720以上的電視機；這種電視機不會自動把節目變成高畫質，必須向頻道代理商訂閱高畫質節目，你家的新電視機才能真正發揮作用。同樣的，一般的DVD在高畫質電視上播，你也會覺得不清楚，必須使用高畫質碟片和播放器才能享受最清晰的影像。

電視和電腦即使都使用液晶螢幕，兩種螢幕的設計觀念並不同。電腦接收的資訊大都是文字、表格、圖形等靜態畫面，螢幕的反應時間不須太快，但是解析度必須清晰，亮度對比則不須太高，以免近看傷眼睛；如果把電腦當作電視，通常會覺得畫面不夠亮、不夠鮮豔。

電視螢幕的需求就完全相反。觀眾總是喜歡翹著二郎腿、舒適的窩在沙發上遠觀電視，所以亮度比清晰度重要；而且電視畫面大都是動態，螢幕的反應時間要快，否則容易產生拖影現象。如果把電視當作電腦，又會覺得太亮，眼睛容易疲勞。

然而，透過數位匯流平臺，任何螢幕未來都可以收看節目、收發電子郵件、線上購物，也能儲存和分享照片、玩線上遊戲、聽音樂、點閱影片、乃至於打視訊電話。

到了那個時候，電腦和電視的差異可能只在於它的操作方式：一個依賴鍵盤輸入複雜指令，一個以遙控器進行簡單選擇。如果有一天，科學家發明了可以完全取代鍵盤的智慧型遙控器，也許我們也需要創造一個新的媒體名稱，來取代電腦和電視。

無論科技趨勢如何進展，保護眼睛是永遠不變的原則；所以，爸媽的叮嚀——「不要離那麼近」、「不要看那麼久」——也會一直和你「長相左右」，是不會輕易消失的聲音。

觀察交流站

家庭多媒體娛樂中心

數位內容與科技整合，正在改變我們每一個人的生活型態，也會改變家人的互動方式。**請觀察家人在家中的電視、電腦、手機使用情形，找出你們最大的交集。**

- 誰看電視的時間最多？
- 誰用電腦的時間最多？
- 誰講手機的時間最多？
- 家人最常一起使用的媒體是什麼？
- 家人最常進行的共同娛樂是什麼？

關鍵祕密

高畫質碟片

一般稱作藍光光碟， 英文為Blu-ray Disc，簡稱BD。 命名由來是因為，高畫質碟片採用波長四〇五奈米的藍色雷射光束進行讀寫操作，DVD則是採用六五〇奈米波長的紅色雷射。一張單層藍光光碟有高達二十五GB的儲存容量，是DVD的五倍以上。

數位匯流

指傳統媒體的數位化，將電信、網路、有線電視等訊號整合於一條傳輸線纜，使用同一個螢幕操作；也可以透過行動接收，提供電信、廣播、電視、資訊、娛樂的多合一服務。例如智慧型手機、平板電腦、電視機上盒等，就是數位匯流的終端設備。

我的生活很數位

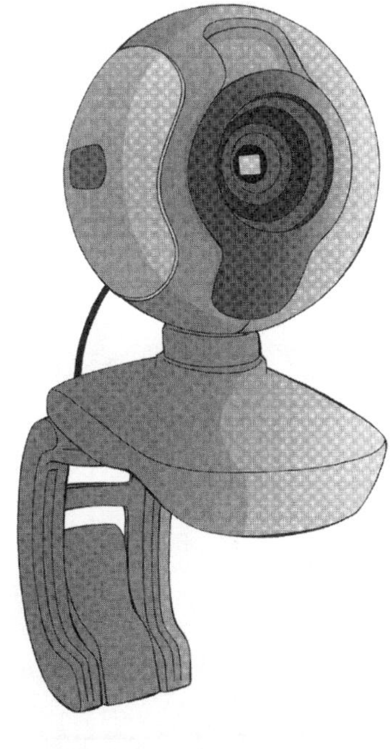

如果「每天只能開機一小時」，

看電視和玩電腦哪一個比較好？

我有一個同學超誇張，
他說他都是一邊打電動一邊看電視。
目前為您播報…
轟！
他如果有上線，還會開視訊和在大陸工作的爸爸聊天。
我比較喜歡一次只做一件事，但是我媽規定看電視或玩電腦最多只能一小時。
只能看一小時呵！
上網？
連續劇？
要選哪個……

你的同學有手機嗎？如果收到簡訊，我猜他一定會讓網路攝影機開著，一邊看簡訊、一邊注意線上遊戲現在有多少人加入，偶爾偷瞄一下電視節目演到哪裡。這則簡訊可能是朋友分享自拍的照片，所以他立刻連到朋友的Facebook，瀏覽新增的文章和照片，然後在上面留言回應。

同學或朋友愛吹噓自己有多厲害，可以一心多用；其實，他是想炫耀所擁有的玩意兒，暗示自己跟得上流行，希望從「聽眾」的羨慕中獲得自信。下回你可以告訴這位超誇張的同學，他讓大腦、雙手和眼睛忙碌的工作，根本無法放輕鬆的玩樂；尤其在晚上睡覺前一小時，連續觀賞刺激的畫面、從事緊張亢奮的活動，便不容易安穩入睡，影響隔天的精神。

那位同學上課時是不是不太專心、聽其他同學說話也不太有耐心呢？

習慣同時使用多項媒體的人，任何聲音和晃動都會讓他分心，所以很難安靜下來休息。無論讀書或娛樂，最有效運用時間的方法，就是一次只做一件需要注意力的事。例如，念書時放點輕鬆的背景音樂能讓心情安定，但是一邊聽帶有歌詞的曲子或聽廣播，反而會構成干擾。

電視和電腦作為休閒工具，就身體感受的舒適程度而言，我認為看電視比玩電腦好一些。看電視時，我們可以隨意窩在沙發裡，玩電腦的時候卻必須端坐在椅子上；所以，常聽說有人看電視看到睡著了，卻很少有人玩電腦玩到眼睛閉起來了吧！

不過，現在所謂的「數位電視」已經改變了我們看電視的方式；利用隨選視訊（VOD）的互動科技，電視也可以上網。觀眾在看完節目後，只要動動遙控器，就可以在電視螢幕上玩遊戲，或直接連上節目的網站，一小時裡可以讓你又看電視又玩電腦；重要的是，須懂得選擇你最喜歡的視訊內容。

或者你可以提出正當的理由，說服家長有彈性的允許你超時。例如，想看電影臺今天播出的某部電影，時間便一定會超過一小時；又如，你上網的目的是為了尋找作業的資料，需要的時間較久，而且你和同學約好用即時通討論。

更高明的辦法是，你可以邀請家長一起觀賞你喜歡的電影；如果他們也懂得利用網路搜尋功能，你不妨請教他們該用什麼關鍵字、哪一個網站的資料最豐富、不同來源的資料怎樣整理在一起，甚至可以教他們打電動，讓他們和你一起並肩作戰。動動腦，把看電視或上網變成家庭活動，你才能夠順利爭取到想要的娛樂時間。

觀察交流站

網站管理員

一個網站的管理員通常就是網站的站長，負責經營、管理和維護網站，擁有權限更改和處理用戶的所有留言。

請連上你經常使用的網站，觀察看看：

・這個網站需不需要限制使用者的年齡？

・加入會員必須填寫哪些資料？

・你認為哪些個人資料應該不必提供？

・站長應該刪除怎樣的網友留言？

・你認為網站有哪些功能和設計可以再加強？

關鍵祕密

數位電視

將電視的文字和影像、廣播的聲音和音樂，轉成0和1兩個數字所組成的數位訊號，經過壓縮後傳送；電視機接收到訊號後，便進行解碼，恢復成一般電視訊號，顯示在螢幕上。配合高畫質節目和液晶螢幕，數位電視能發揮最佳的優勢和功能。

隨選視訊（VOD）

VOD為Video On Demand的英文縮寫，它是一套透過網際網路，讓使用者在數位螢幕上選擇觀賞內容的系統。包括各類數位影音、圖像資料、互動式光碟等，只要選定內容就可以即時播放，還可查詢交通狀況、氣象、新聞等即時訊息。

叫我點子王

電視節目的點子是如何產生的？

我喜歡看電視，
嘟
因為有一些節目真的很好看！
像是有趣的變裝秀、教創意的美勞，
還有快速做家事的妙方法。
爸爸媽媽有時也會陪我一起看電視。
能想到這節目點子的人都好厲害呵！有人專門在想點子嗎？

在電視節目的製作流程中，有一個階段稱作「企畫」；在電視從業人員中，有一個職稱就是「企畫」。

節目的企畫階段，是指在寫作劇本前設計節目的內容大綱、形式特色、以及擬定主持人、演員、來賓等人選。這是節目點子的生產期，所有與節目相關的人，都可以貢獻出想法，最後再由企畫人員蒐集更詳細的資料，有系統的整理成企畫書。

一個新節目最初的構想通常來自製作人。當製作人相信某個主題的節目能夠吸引觀眾收看，他會召開動腦會議，邀集企畫、編劇、導演、執行製作等工作人員一起腦力激盪，討論出更多點子以及執行上的細節，例如「怎樣的舞臺能讓不同的隊伍表演變裝秀」。

整個企畫的過程，其實就是有靈感之後的思考過程，根據電視的聲光特色，思考哪些點子呈現的效果最好；當然，經費也是重要考量，必須在預算內選擇可行的點子。

所以，專門有人負責想點子的節目，反而不容易成功；一群喜歡動腦的人共同合作，才可能創造出有趣的節目。一位稱職的製作人必須像點子王，能源源不絕的拋出創意，又有領導能力，懂得鼓勵每個人發揮想像力，設法讓觀眾耳目一新，捨不得轉臺。

要如何想出還沒有被做過的節目呢？「經驗啟發法」是很管用的方法，因為好的點子最可能藏在被人忽略的日常事物裡。例如，自己不太會做家事，常常花了很多時間整理，家裡卻還是很亂，於是便想到，一定有許多觀眾也渴望知道「有沒有很快就能做完家事的辦法」。

我們每天需要進食來維持生命；同樣的，我們也需要每天不斷吸收新資訊來滋養腦袋瓜，「換個角度觀察法」便能幫助你看到日常事件的新面貌。例如，綜藝節目不一定要唱歌跳舞，模仿政治人物談論時事，觀眾更會看得哈哈大笑。

想點子時可以不斷自問自答：「什麼是觀眾想要的？」「什麼是新的？」「怎麼樣改變？」例如，互動性節目是流行的趨勢——從與觀眾互動的方式為出發點，想出幫觀眾改造外表、住宅、生活等方面的節目內容，推出後果然大受歡迎。

跟一群有創意的夥伴「玩電視」，一起「玩」成叫好又叫座的節目，聽到觀眾忍不住讚歎「想到這些節目點子的人好厲害呵！」那種辛苦有成之後的快樂，就是幕後人員的最大收穫。

觀察交流站

媒體觀察家

媒體有很大的商機，受歡迎的電影和電視節目可以創造高利潤；媒體也具有廣大的地域性，同樣的電影、電視節目和唱片可以在全球發行。有些人認為，臺灣的電視臺購買外片太多、重播率太高、抄襲日本和韓國節目，缺乏自己的創意和市場。

請選擇一個你最常收看的電視臺來觀察看看：

・你最喜歡的節目是不是由這家電視臺自製？
・這家電視臺有沒有播出外國的節目？有幾個？
・由節目表判斷，這家電視臺是自製或購片節目比較多？
・是否固定重播以前的舊節目？
・你最喜歡的節目在同一天或隔天總共播出幾次？

關鍵祕密

製作人

發起並協調一部影片整個製作流程的重要人物；從構想、財務、技術、行政各個面向，根據每位工作人員與影片的合作關係，監督並管理這些人員。

互動性節目

由電視機前的觀眾利用電話、網路、手機主動參與節目，影響節目進行方向。例如，讓觀眾表達意見的現場Call in，投票淘汰參賽者的競賽秀；以及由觀眾自己選擇主角在關鍵事件的反應，發展出不同結局的戲劇等。

收視第一鬧雙胞

收視率是怎麼算出來的呢？

為什麼從來沒有人調查過我在看什麼節目？

我和姊姊晚上補習回家後，媽媽允許我們可以看一會兒電視。
我要看偶像劇啦！
不要啦！看韓劇啦！這部收視率第一耶！我好多同學都在看。
可是我朋友上網問網友，都說我們看的偶像劇觀眾最多耶！
才怪！
我家只有一臺電視，
看偶像劇！
看韓劇！
所以我常和姊姊吵架。

你知道很多人會以收視率高低來決定收看哪一齣戲嗎？現在你應該可以體會，為什麼電視臺那麼重視收視率；他們經常以某節目在幾點的播出時段收視率第一做宣傳，吸引更多觀眾湊熱鬧的好奇心。

收視率是用百分比數來表示，代表某個時段收看某個電視節目的觀眾人數，佔總收視人口的比例。舉例來說，某八點檔偶像劇製作人宣稱他們的收視率是百分之九，意思是指每一百個能夠收看電視的人裡，有九個人收看了這齣戲劇；假設總收視人口是一千萬人，就可以從百分之九進一步推估，這檔戲的觀眾大概有九十萬人。

觀眾收視資料的蒐集是由專業機構來進行；調查公司並非挨家挨戶的詢問「您在看什麼節目」，而是在不同區域裡找到一定數量願意配合的家庭做為調查樣本。全臺灣家戶樣本大約一千八百戶，如果你家不是樣本戶，你和家人看什麼節目並不會影響收視率。

目前最普遍的收視率調查方法，有「日記填寫法」和「個人收視記錄器法」兩種。

■「日記法」

要求樣本戶每一位四歲以上的家庭成員，必須把每天收看的頻道和時段隨時記錄在自己專屬的日記卡上。

■「個人收視記錄器法」

是在電視機裝設收視記錄器，每位成員在上面都有代表自己的按鈕；開始看電視時必須先按一下按鈕，不看電視時再按一下按鈕。記錄器會把所有資訊儲存下來，讓調查公司取用分析。

現今有愈來愈多家庭裝置機上盒，成為數位電視觀眾；如果家長同意成為樣本戶，「凡看過必留下痕跡」，機上盒就記錄了你們全家每分鐘的收視情形，每天回傳到調查總部的電腦。

電視臺必須付費給調查公司才能得到這些收視數據，再利用收視率賺錢，吸引廣告商購買廣告時段。所以，高收視率是節目「推手」，低收視率就成了「殺手」；只要爭取不到觀眾，品質再好的節目都會被停播。連續劇中的人物若不能拉抬收視率，編劇會立即「賜死」，不是讓他車禍身亡，就是墜崖而下落不明；若某個人物一出現收視率就飆高，編劇會趕緊為他加戲，甚至可以死而復活。

收視率每天都有新變化，甚至每分每秒不同；製作單位採用某天或某個時段有利的數據來證明自己第一名，這是常發生的事。所以，只比較哪齣戲觀眾最多，很容易落入被操控的陷阱。你可以和姊姊討論各自喜歡的戲劇有什麼優點，然後討論怎樣公平安排收視時間，這才是聰明的觀眾。

觀察交流站

收視質調查員

收視率的缺點是無法反應觀眾對節目品質的滿意程度，所以另外有一種收視質調查，以瞭解「誰在看節目」以及對節目的評價。

請你針對喜歡的節目，練習蒐集朋友的意見：

・他同意這節目能提供新知？
・他同意這節目談的話題可以相信？
・他同意這節目沒有意圖賣東西？
・如果好友不欣賞這節目，你會繼續收看嗎？
・如果這節目收視率下滑，你會繼續收看嗎？

關鍵祕密

機上盒

正式名稱是數位視訊轉換盒，英文為Set Top Box，簡稱STB。它的功能是連結有線電纜、衛星天線、寬頻網路等設備，接收壓縮的數位訊號轉成電視內容，在電視機上顯示出來。有了它，電視除了收看影像節目之外，也能查看網頁，並且和觀眾進行互動。

商業電視

企業團體以營利為目的所經營的電視臺，經費來源主要依賴販賣廣告時段的收入，因此傾向製播通俗性與娛樂性的節目，並且以「最低的節目製作費、搏取最多的觀眾」為原則。

發現好節目

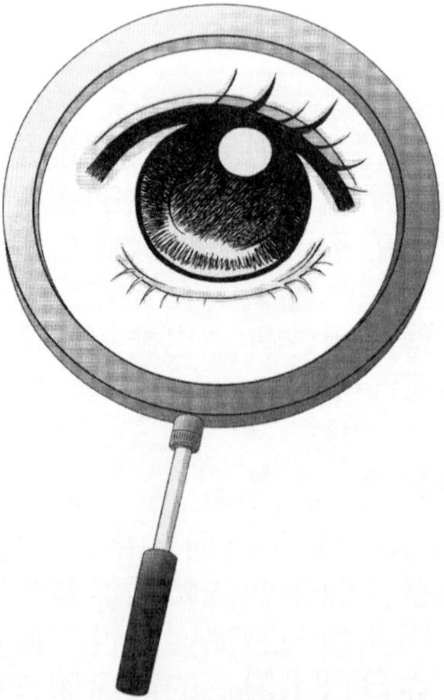

怎樣的節目適合青少年觀賞？

我們只能看兒童節目嗎？

媽媽只准我每天看半小時電視，這個我能接受。
30:00
可是……
不要看這些節目，
會被節目帶壞的。
還是看公視的兒童節目最好！
可是，
我不想每天都看兒童節目啊……
轉臺！
我還有什麼選擇可以讓媽媽放心，不再干擾我「享受」電視時光？

電視對兒童與青少年的影響正負面都有，不過負面影響較容易察覺，例如傷害視力、令人沉迷而耽誤學習和睡眠、太多暴力和情色畫面等，往往也是電視被人詬病，甚至發起關機運動的原因。

而正面的影響，就像傳播學者麥克魯漢（M. Mcluhan）所說的「電視是人類感官的延伸」。例如，美國火星探測船的活動，你坐在家裡就看得到，這就是延伸了你的視覺、聽覺和腳程範圍，若沒有電視傳輸畫面是辦不到的。懂得善加利用電視，「看電視」能夠拓展你的視野和經驗領域。

媽媽擔心你受到不好的影響，卻沒有完全禁止你看電視，可能是考慮到讓你在學校和同學有話題可聊，也同意你藉由看電視放鬆一下，可見她是個開明的好媽媽呢！你可以比較一下你選擇的節目和媽媽選擇的節目有什麼不同，並瞭解她的想法。

我的推測是，公視兒童節目在內容上沒有節目廣告化和羶色腥的問題，通常也會設定教育目標——例如觀察夜行性動物，所以能讓媽媽特別放心。那麼，只要你能夠自己掌握挑選優質節目的標準，不管你想看什麼節目，相信媽媽都會尊重你的選擇。

如果是針對青少年特別設計的節目，除了內容健康有益的基本標準之外，可以進一步衡量節目傳達的內容是否太深、太多、不容易理解。例如，半小時節目中提到十種夜行性動物，用了許多科學詞彙卻沒有解釋；這樣的話，不如觀看只深入介紹蝙蝠習性的節目更好。

在表現形式上，可以觀察主持人的言行是否刻意幼稚、製作是否過於粗糙；例如，告訴你「過馬路要小心車車呵」、畫面太單調、道具布景貧乏等。適合青少年的好節目，應該有豐富的畫面，並且引導你思考解決問題的方法；例如，說明動物園在白天時如何為夜行性動物營造晚上的環境。

電視是一種大眾媒體，它的功能是普及化，把新的創意、創作與發明引介給大眾得知。例如，運用3D動畫、電腦音樂、表演藝術等新異的成果，搭配深入淺出的解說，呈現出通俗而細緻的風貌。

當你不想每天看兒童節目時，可以根據自己的興趣，選擇提供新知的一般節目；或者收看國外有口碑的頻道，讓電視引領你認識不同的世界，以及這輩子或許沒有機會親臨的角落，它們在你的知識版圖上也不會陌生。

發現好節目時，也別忘了邀請媽媽和你一起享受電視時光，這樣她就不會「干擾」你了。

觀察交流站

影像剪接師

影視工作者花很多的精力選擇、組合畫面，在說故事的同時創造他們要的效果。

請看一段影片並注意剪接的部分是快或慢？是平順或刺激？這些畫面如何說故事或製造情境？

- 你能很容易的看出剪接點嗎？
- 什麼時候剪接點容易看得出來？什麼時候不易發現？
- 平均大約幾秒鐘就會出現剪接點？
- 什麼時候剪接的節奏會很快速？或很慢的換到下一個畫面？
- 有時候會使用特效來銜接畫面，你認為這些特效是必要的嗎？

關鍵祕密

關機運動

一九九四年源起於美國的運動，主張在每年四月的最後一週舉行「關閉電視週」，鼓勵大家一個星期不看電視，利用更多的時間和家人交談、運動、閱讀、旅遊、參與社區活動等，並藉由集體關機向媒體爭取觀眾權利。臺灣民眾於二〇〇四年起開始響應。

公共電視

公共電視為符合以下特質的電視臺：不接受商業廣告、所有權屬於全國人民、為公眾的收視利益服務、提供公眾接近使用電視資源等經營特質，其主要的經費來源來自政府、企業與個人的捐贈。

戲劇臺

故事變形記

電影的故事為什麼往往和小說原著不同？

Ceremonial magic
聽說我讀完整個系列的小說拍成電影了！
我興沖沖的要求媽媽帶我去電影院看。
喝！
最精彩的超級巫術生死鬥只有五分鐘……
啪
小說裡寫了五十頁耶！那個男生比較像「叔叔」吧？我才不相信他才十五歲！
被騙了……

因為看過原著，我們心裡會期待影片下一秒發生的情節和所知道的一樣；所以，電影或電視劇和原著必須有一致的地方，觀眾才能夠接受它們是同名的作品。例如——

類型：用科幻小說所拍成的電影當然要像科幻電影；如果變成強調故事裡悲歡離合的愛情文藝電影，觀眾可能很失望。

風格：原來的故事是幽默的，拍成電影後也應是幽默的。

結局：電影的結局同樣會影響觀眾的感受；原本是孤兒和親人重逢的喜劇，卻拍成孤兒得了絕症，最後死在親人懷抱的悲劇，可能無法感動觀眾，反而激怒他們。

可是，電影和小說屬於不同的媒體形式，自然產生表現方法的差異。

小說是由一個個的文字構成，閱讀小說是透過文字的意義來掌握故事的情節發展；而文字出現在電影中則是字幕。

如果沒有字幕，是不是我們就看不懂電影呢？

當然不會。只要用播放軟體就可以把光碟上的影像擷取成一張張畫面；這顯示了，動態的影片其實是由一張張靜態的圖像構成的。因為人眼有視覺暫留的現象，恰好把快速閃動的圖像連結起來，以為是連續的畫面；看電影時，我們讀懂這些圖像就能瞭解劇情。

透過流動的圖像來說故事，需要控制的要素是時間；所以電影或電視這類影像媒體就不宜用太多文字敘述，必須用很精簡的話語描述情節，通常也只能選擇重要的事件來拍攝。

小說可能用一頁的篇幅仔細形容主角的長相、穿著、在什麼地方、正在做什麼事，這麼長的文字形容往往只要用一個畫面就可以讓觀眾看懂了；把畫面停格看清楚，才能公平判斷導演的安排是不是忠於原著。喜歡的影片多看幾次，每次都可能有新發現哩！

讀小說時，我們會運用想像能力把文字變成腦海裡的圖像；電影則是把導演和美術指導所想像的畫面，用攝影機表現出來和觀眾分享。再加上燈光、色彩、音效、音樂等文字媒體沒有的元素；所以，電影往往比原著多了一些身歷其境的感覺。如果因為影片故事和自己原先知道的不同而生氣，破壞了觀賞的氣氛，反而錯失了學習成為「電影達人」的機會。

想像是一件主觀的事；既然對導演的表現不滿意，何不自己發揮創造力，將小說和影片情節不同之處，用至少四格以上的圖畫畫出來，每格圖畫做成一張PPT簡報頁面，然後連續放映；還可邀請同學朋友一起欣賞，一起創作更多的圖畫。如此一來，原本令人不以為然的事就變成好玩的事了。

觀察交流站

動漫影評

暢銷的漫畫經常被拍成動畫、電影或電視劇，甚至電腦遊戲。靜態的圖像變成動態的影像，除了不動和動的差別以外，還可以發現什麼不同呢？

請找出喜歡的漫畫和影片光碟，比較看看：

- 主角的樣子改變了嗎？
- 真人演出的角色和原本書上的角色相似度有多高？
- 旁白和臺詞是依照書上的對話嗎？
- 影片中什麼時候出現音效和音樂？帶給觀眾什麼樣的感受？
- 影片的長度恰當嗎？你為什麼覺得太長或太短？

關鍵祕密

視覺暫留

電影、動畫等視覺媒體的拍攝和放映，是利用人眼的視覺暫留原理，讓一格格的畫面看起來像是連續的動作。視覺暫留是指：人眼看物體時，透過光的作用成像在視網膜上，並由視神經傳到大腦所感覺到的物體影像；當物體移去時，視神經對物體的印象會在大腦延續約二十四分之一秒的時間才消失。

美術指導

為電影、電視、舞臺劇表演設計布景以及設計整體視覺風格的人員。由他所統籌規畫的布景，必須與這齣戲的其他所有元素——例如服裝、道具、時代背景、特效等相配合，才能達到一致的視覺風格。

誰是幕後老大

拍片最少需要多少人？

導演的權力是不是最大？

有一天，我們班
參觀了電視臺。
老師鼓勵我幫學校
校慶拍一支短片。
我們也加入拍片！
我要當導演！
只有三個人怎樣
安排工作呀？
真傷腦筋……

看電視時，你注意到節目的結束或開始時螢幕上出現的一連串人名嗎？他們就是幕後參與這個節目的工作人員。每一集節目都必須由這些學有專精的工作人員合力完成，少了任何角色都會影響節目製播。

電視節目拍攝的作業環境分為攝影棚和外景。攝影棚是採用多部攝影機同時拍攝的多機作業，需求人力較多。例如，至少有三臺攝影機，需要三位以上的攝影師；所有的光源都需要燈光師設計；布景依賴美術指導設計、以及道具師製作；攝影棚上方的副控室內，也需要導播指揮另一群工作人員，監控節目錄製過程。

相形之下，單機作業的外景人力比較精簡，更適合學生與一般大眾。

一支影片不管長度多少，都必須經過構思、前製、錄製、後製、行銷五個工作階段；拍片團隊不管由多少人組成，至少要有人分別承擔製作人、編劇、導演、攝影師、剪接師五項工作角色。

製作人——是節目的負責人，由他確定節目內容和管理製作經費，並照顧工作人員的需求；他必須事先掌握各種資訊，評估觀眾最想看什麼樣的節目。如果你看電視時總是會想到「製作這樣的節目真是有意思」，那就適合這個角色。

編劇——負責執筆把大家討論的構想和劇情寫下來，安排吸引人的說故事順序，並且撰寫旁白；如果有戲劇演出，還必須設計演員間的對話。如果你看電視時總會忍不住讚美「劇中人的旁白好感人呵！」那你不妨試著擔任編劇，換你來感動人心。

導演——負責實際指揮工作人員完成節目；他必須喜歡動腦想出新奇的點子，並且懂得和不同的人溝通，引導大家把他的點子具體執行出來。如果看電視時你會注意到「這個節目有什麼特色、演員的選擇是否恰當」，你便適合嘗試導演的工作。

攝影師——在拍片現場負責操作攝影機，將導演想要的畫面以最好的效果拍攝下來，就是攝影師的工作。如果看電視時你常觀察到「畫面拍攝的清晰度、色彩、取景」等，那就用小型攝影機開始練習拍一些身邊發生的事，當個小攝影師吧！

剪接師——專責操作剪輯設備，把需要的畫面編輯在一起，並且加上特效，使節目更流暢。如果看完一個節目後你會驚呼「很炫耶，都沒有冷場！」你便已經注意到剪接師的角色；只要願意學習一些技巧，你也可以做得到。

小組成員能不能團結並且相處愉快，是影片能否完成最重要的關鍵。建議你們為自己取一個隊名，這個隊名就是影片的「出品公司」。建立共同的榮譽感，然後根據興趣和專長分配工作，一起努力實現拍片的夢想吧！

觀察交流站

獨立製片

除了電視臺自製節目之外，另有一些不歸屬於電視臺的媒體從業人員，他們會自己籌措資金、根據他們這個工作團隊感興趣的題材去製作影片，就可稱為「獨立製片」。

如果這些影片賣給電視臺播出，或是自行安排場地放映，請觀察下列問題：

- 看電視時，你能判斷哪個節目是電視臺自製？哪個不是嗎？
- 你有沒有看過由獨立製片完成的影片？
- 你在哪些場合看到這些影片？
- 這些影片的題材和電視臺自製播出的節目相同嗎？
- 這些影片在播出或放映前有什麼樣的宣傳活動嗎？

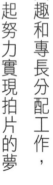

關鍵祕密

副控室

放置控制聲音、燈光與影像的設備，是進行攝影棚內作業時的總指揮所，可以即時切換錄影畫面、上特效與字幕，並且儲存播出的內容。

出品公司

較常用於電影環境，指的是投資拍電影的公司，通常也負責製作和行銷，相當於電視環境裡稱呼的「製作單位」。

英雄美女大集合

偶像劇是先找到演員才設計角色，

還是先有角色才找演員？

我最近看了一部美國電視劇，
講一個醜女在時裝界奮鬥的故事；
雖然女主角戴牙套扮醜，但那是化妝效果，她本人根本是個美女。
為什麼不找醜女來演醜女呢？這樣不是比較真實嗎？
那是因為經紀公司想捧紅誰，就讓誰當主角呀！
？
真的是這樣嗎……

以現代年輕人的浪漫愛情和溫馨友情為故事主軸的偶像劇，融合了時尚的服裝和都會的場景，是非常受歡迎的電視劇題材。它最吸引觀眾的賣點，就是由當紅的年輕藝人擔任主角，在優美的燈光與配樂烘托下，展開華麗的人生冒險，滿足觀眾對美夢的期望。

所以，「真實」並不是偶像劇追求的目的；相反的，它藉由提供與日常生活不一樣的情境，讓觀眾為了脫離現實的平凡和挫折，而準時打開電視機。例如，大多數人會幻想自己被外表出眾的異性朋友喜歡；但是，在現實生活中，大多數人卻都是相貌平凡、而且對自己不太滿意。這時，螢光幕上的俊男美女會特別令人羨慕，希望每天見到他們，建立熟悉的朋友感覺。

如果，青春時尚的偶像劇忠實的找醜女來演醜女這個主要角色，很可能反而引起觀眾排拒，因為這令他們失去了幻想的樂趣。武俠小說或電視劇裡常出現「易容術」這個詞，意指藉由特殊化妝技巧改變容貌；現在，用化妝術加上電腦修片，就能輕易讓美女變醜，再安排帥氣的男主角屢次見義勇為的幫助醜女，最後不可自拔的愛上她……你認為這齣戲的收視率如何呢？

但是，故事的吸引力畢竟是環繞著角色進行，讓觀眾隨著角色的喜怒哀樂一同歡笑或悲傷；如果缺乏鮮明的角色塑造，光靠英雄美女大集合，仍然無法推出成功的偶像劇。因此，製作單位和投資者會先重視角色設計，才找演員。

「演員」指的是表演能力佳的藝人，而具有高知名度者才稱作「明星」。明星在某種程度上影響著觀眾群的大小，因此成為戲劇募集資金的重要籌碼。若是談定票房明星擔任主角，透過行銷、宣傳製造話題，投資者認為能帶動收視熱潮，帶來較大的獲利，投資意願便會提高。

「明星」其實可以透過一連串事先設計的行銷手法製造出來。電視臺推新戲時，通常會請經紀公司推薦藝人名單，由劇組挑選符合角色設定的演員。如果經紀公司正在規畫某位藝人的宣傳活動，的確會安排他參與偶像劇的演出；等累積了知名度，再推出藝人的歌唱專輯或書，往往達到很好的銷售量。

說穿了，明星也是一種流行現象；一旦觀眾看膩了同一張臉，明星很快就變成「流星」了。無論是演醜女還是美女，唯有「演什麼像什麼」的實力，才是演員不退流行的最佳保障。

觀察交流站

偶像劇行銷手法

你有喜歡的當紅藝人嗎？這位藝人是不是會唱歌又會演戲，或者還主持綜藝節目，甚至是暢銷書作家？

如果這位藝人參與偶像劇演出，請從媒體蒐集這位藝人的相關報導，進行以下的觀察：

- 這些報導是負面的還是正面的？
- 報導的內容和劇中角色有沒有相關？
- 報導的日期是不是有集中現象？還是平均隔幾天出現？
- 報導中引用的照片是記者拍攝的還是經紀公司提供的？
- 如果用的是劇照，圖說內容是否在稱讚這位藝人的演技或扮相？

關鍵祕密

票房

原意是指公開出售電影或劇院門票的地方，現在一般用來特指電影或戲劇的商業銷售情況，通常以觀眾人數或門票收入來計算。能以自身魅力讓戲劇賣座、或達成高收視率的演員，就是「票房明星」。

經紀公司

與演員、歌手、模特兒等表演者簽約後提供經紀人服務的公司。在合約生效期間，經紀人負責為旗下藝人安排工作和宣傳活動，但雙方不一定是主僱關係；公司不會發固定薪水，表演所得酬勞的分配會明載於合約中。

偶像背叛了我

偶像明星的緋聞是真的還是假的？

同學都在談論很紅的那個男演員，
娛樂週刊
爆
知名偶像被拍
他和一個女生一起出國玩被記者拍到。
妳看這則報導了沒？他最近不是才說要追一起演戲的女主角？
娛樂週刊
我不相信照片中那個女生是他女朋友啦！
娛樂週刊
可是我覺得長得帥的男生都很花心，他可能同時和好幾個女生交往！

偶像劇裡的男主角又帥又是貴公子，而且是籃球場上的鬥牛高手，對心儀對象的表白又是那麼令人心動……劇組是怎麼找到這麼完美的男生？

電視劇裡的角色都是由演員依照劇本演出的。偶像劇是電視戲劇的一種類型，最主要的特色是，透過經紀人邀約當紅明星演出男女主角做為賣點，吸引粉絲成為忠實觀眾，維持高收視率。

這類的戲劇通常是現代時裝劇，演員的造型符合年輕人流行的妝扮，劇情普遍是發生在校園裡的愛情故事。男女主角談戀愛的過程很曲折，總是出現癡情的男配角、使壞的女配角，展開理不清的四角戀情；最後還不一定「有情人終成眷屬」，因為男女主角很可能其中一人罹患絕症……

戲劇節目開拍前一定先有劇本，劇中角色的家庭背景、職業、個性、嗜好、學歷、言詞都是編劇杜撰；外型則有髮型師、化妝師、服裝師打點。貴公子住的豪宅也許是美術指導設計的超級大道具，只有三面牆，因為得留出攝影小組工作的空間；有時則是配合劇情需要租借來拍攝的豪宅。

如果帥帥的男演員不會漂亮的轉身上籃，沒關係，幫他找個身材一樣的替身來拍，最後再拍一個他直接把球投入籃框的特寫就完成了。剪接後播出時，觀眾看到的就是男主角灌籃的樣子，有誰會知道運球上籃其實是替身的功勞呢？

背臺詞是一件辛苦的事，考驗演員是不是夠敬業和專業。拍攝氣氛浪漫的感情告白戲，如果男主角講了一句臺詞後就忘詞了，而且NG很多次還是不行，該怎麼讓這場戲拍完呢？這時候，掌控拍戲現場的導演可能便會修改臺詞，乾脆讓他少說話，多拍幾個含情脈脈凝視女主角的鏡頭。

如果演員真的是籃球高手，但是他的國語卻不標準；沒關係，可以找配音員在錄音室看著拍攝畫面，幫他說出感人的告白。配音時必須注意聲音表情，著急時有著急的語調、高興時有高興的語調，再搭配優美浪漫的背景音樂，更有甜蜜的氣氛。如果女主角誤會男主角，還生氣的給他一個巴掌，配音師會加上一聲「啪」的音效；否則，女主角打得不夠用力，觀眾就感受不到這一巴掌是如何令人心碎。

偶像明星在劇中的角色一定受到很多人喜愛；可是，下戲後他就恢復自己原本的性格、住在真實的家、過著真實的日常生活。光鮮外表背後，身為公眾人物其實有不少困擾，例如：影迷瘋狂跟蹤、不能自由自在和朋友出遊、吃飯、聊天。

在八卦雜誌和報紙娛樂版，看到深愛女主角的男主角和別的女生一起出遊的緋聞時，不必難過被偶像背叛了，這可能是一種行銷的宣傳手段，為了吸引更多人注意目前正在播出他主演的戲劇；而且，在真實生活中，演員交男女朋友是正當的事。作為他的粉絲，在喜歡他的演藝才華之餘，必須適時跳脫戲劇、回到現實——偶像也需要有感情生活，和一般人沒兩樣。

大方祝福他找到真正的幸福吧！說不定，他的下一齣戲會演得更有浪漫的感覺呢！

觀察交流站

偶像劇製作人

偶像劇不限於溫馨友情和浪漫愛情，如果包括推理、驚悚、詼諧、鬥智等劇情，更受觀眾喜愛；有名的漫畫或小說常是偶像劇取材來源。

找出一本你喜歡的小說或漫畫，評估看看：

- 適不適合改編成偶像劇？
- 這齣戲的目標觀眾是幾歲呢？
- 原故事的情節和結局合理嗎？需要改編嗎？
- 如果演員要扮演某一特別的職業，要怎樣訓練他？想遊說哪些人來投資這齣戲？

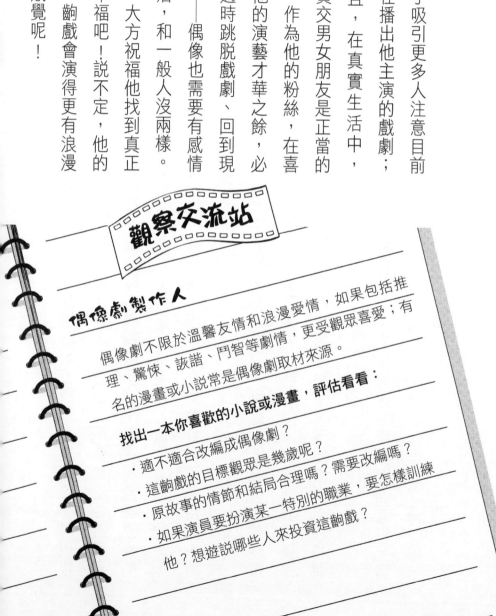

關鍵祕密

明星經紀人

經紀人是藝人接洽工作的代理人，其工作內容通常包括：洽談酬勞、打造藝人的形象，安排他演什麼戲、出席什麼活動，提醒藝人在公開場合應該怎樣發言；必要時，他也是藝人的發言人。

NG

英文no good 的簡寫，表示「不好」。演員在拍攝過程中出現失誤、笑場或不能達到最佳效果，導演就會喊NG，要求再拍一次。有些電視劇會刻意將NG鏡頭作為片尾花絮，讓觀眾瞭解拍攝過程中不為人知的一面。

童星的十個條件

童星是不是為了工作都不去上學？

他們怎樣學會表演？

今天報紙有報導那個五歲的童星耶！
人氣下滑
人氣下滑？沒有人要看你了，怎麼辦？
記者這樣問他會不會太毒舌呀！
這樣問小孩的確會讓他很傷心……
童星真是辛苦，必須趕通告，所以生活不正常，而且又影響學業。
是呵……
既然這樣，這些童星都是他的爸媽刻意栽培，然後主動帶去試鏡的嗎？

我們的社會是由各種不同年齡的人組成，而電視和電影的創作基礎，是反映社會真實的生活；所以，出現兒童角色時必須由兒童擔綱演出，是很自然的需求。

如果你已經知道「通告」和「試鏡」這兩句術語，可見你平時會注意影視圈動態，這兩句術語經常在影視新聞中使用。當製作單位有兒童演員的需求，通常會發消息給經紀公司，請經紀公司推薦符合劇中角色特點的孩童參加試鏡。

有些父母認為自己的小孩具備能歌善舞的才藝，又長得人見人誇、個性活潑好動，的確會主動在經紀公司留資料，希望為孩子爭取表演機會。不過，經紀公司有專業的選角人員，通常被稱作星探；他們平時的工作就是逛大街，遇到氣質清新、天真可愛的小孩時，會觀察他是否有觀眾緣的潛力，然後主動遊說他的父母同意讓孩子試鏡。

試鏡的目的，是測試孩子是否能夠面對鏡頭而不緊張害羞，以及和一群大人一起工作是否怕生；如果過關了就能接到通告，正式邁向童星之路。

童星一般是指十五歲以下的演藝人員，他們就像你一樣還在成長發育，必須有充足的睡眠，要接受國小和國中義務教育；因此，他們不能像成人明星一樣專職於演藝事業，只能利用課餘時間兼差工作。如果讓童星成人化、商品化，是對兒童權利的侵犯；例如，一旦頻繁演出、過度勞累，那就變成「童工」了。

想要成為受歡迎的童星，必須表現出不輸給成人明星的演技實力，這樣的實力得靠學習能力來培養；例如，演出的角色背景和自己的生活不同，或者被要求嘗試新的才藝。敬業的童星會樂於接受導演等工作人員的指導，努力學習達到表演水準；如果不願意追求進步，很快就會成了「流星」。

隨著知名度大增，童星成了公眾人物，螢光幕外的生活也備受社會關切，並且被媒體追逐報導。比起同齡的孩子，童星會感受到更多的壓力，但是他們不能亂發脾氣；成熟懂事是童星適應演藝環境很重要的條件，要懂得如何回答問題，要懂得應對影迷。在明星的光環之下，想成為童星，要有吃苦耐勞的心理準備。

對於表演有興趣的小孩，我會鼓勵他發揮自我潛力。我認為，最好的童星是具有「保持純真」的條件，真心的學、真心的做，真心的為自己創造充實的童年。

觀察交流站

童星工作契約

每個國家都有限定童星的工作時間、時數和工作範圍，保護他們的家庭和學校生活不受到影響。

如果你或你的朋友有機會成為童星，怎樣的工作契約才能保障上學的權利和正常的作息呢？

・工作時間的限定範圍如何？
・工作內容的限定範圍如何？
・有沒有要工作場所特別提供的條件？
・有沒有酬勞上的最低標準？
・如果要求化濃妝、穿性感衣服，可以接受嗎？

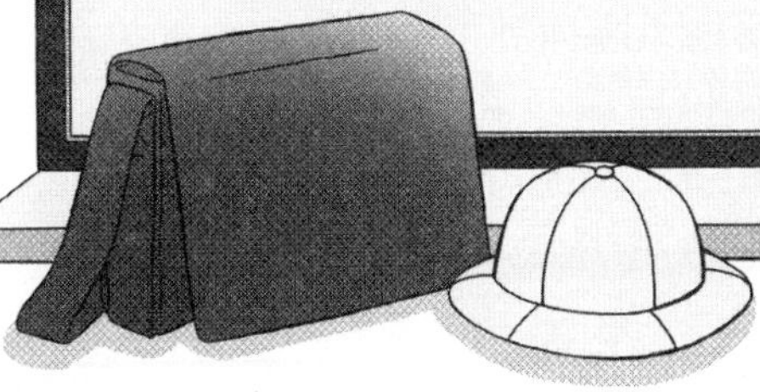

關鍵祕密

影視通告

錄影前正式通知演員或來賓錄影的日期、時間、地點，並說明錄影主題、內容、流程等資訊，必要時須提醒服裝等配合的要求。有些藝人經常上各綜藝節目賺取通告費，便被稱作「通告藝人」。

公眾人物

常出現在公開場合，以及電視、報紙等媒體，社會大眾普遍知道他們的姓名，例如民意代表、政府官員、影視藝人、體育明星、企業主等。他們的言行通常會影響公眾利益和社會風氣，所以一舉一動備受關注。

看不見的攝影機

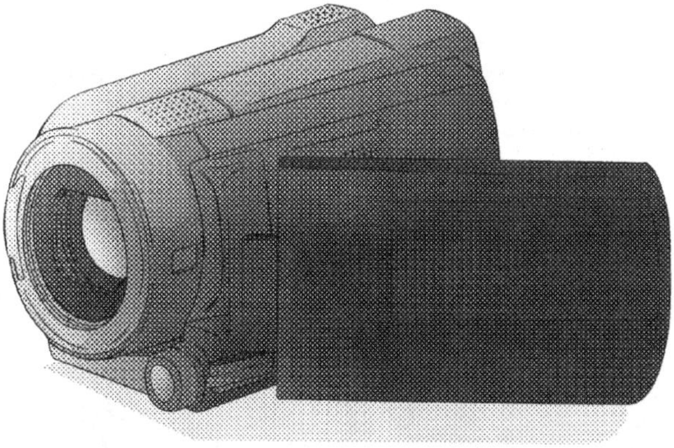

真人真事改編的故事可不可以相信？

我最近看了這部電影呵！
戲裡講一個又高又胖的黑人小孩被一對白人夫婦收養、
最後成為橄欖球明星的故事，我爸說這是真人真事改編的！
可是，演黑人小孩和白人小孩體型真的差太多了！
我覺得有點太誇張了！
他們「本尊」體型真的差這麼多嗎？
會不會是故意設計的？
也許吧！

當你站在鏡子前面時，你會看到鏡中有個一模一樣的你，這叫做「真實」。我必須告訴你，一模一樣的真實在媒體世界是不存在的；因為，媒體並非是一面鏡子，能讓你看到社會真相的一切細節。

仔細觀察，你會發現，電影與電視節目的每一個畫面都是影像、聲音和文字的融合，這和照鏡子有很大的不同；鏡像上不會同時打出字幕，也不會冒出背景音樂。很顯然的，你透過螢幕看到的畫面，是經過人為加工過的。

媒體透過版面或鏡框來反映社會真實的過程，稱作「再現」；其中所有的資訊都經過選擇和組織，才會播送到閱聽人面前。首先，在企畫和編劇的前置階段，就有一群人決定了拍哪些內容、不拍哪些內容，讓觀眾利用兩小時就能瞭解主角二十年來的成長故事。

接下來就是開拍了。在一般劇情片中，所有攝影機移動都經過預先規畫和計算；但是，沒有經過特別訓練的觀眾，根本感受不到畫面背後有攝影機的存在。拍攝完成的所有畫面，隨後被送到剪接室進行後製作業。

剪輯的工作，就是挑選與組合一個個的畫面連接為一個段落，再讓這些段落能連貫而有條理的敘事；再搭配音樂及音效，氣氛或情緒就更加鮮明了。很重要的是，完成的影片必須配合節目設定的總長度。

我不知道漫畫提到的這部美式足球明星電影的本尊實際體型，但你的質疑是對的；即使標榜真人真事改編，既然是演戲，每一個角色當然都是「故意設計的」。實際上，這黑、白兩個小孩很可能真的像天龍地虎，導演想利用這特點製造點戲劇效果，所以刻意找來體型差異更大的演員。

影視工作者往往花很多精力設計畫面，創造他們要的效果。例如，一個黑人小孩在空曠的雪地上行走，黑與白的對比強烈，我們會立即感受到這個小孩的孤獨無助。

電影常用的蒙太奇式剪接手法也會暗示一些畫面的意思。例如，當我們看到一個鏡頭裡的角色視線往鏡框外看，接著看到下一個鏡頭是一個巧克力蛋糕，我們會很自然的認為他正在看巧克力蛋糕，而且推測他很想吃。

不僅戲劇節目如此，以真實為特色的新聞和紀錄片，同樣會利用特定的攝影角度來傳達特定的意義，或者採取特殊的攝影角度增加戲劇性。例如，把攝影機放低，用仰角拍攝名人，藉此突顯名人的崇高地位。

在新聞剪輯上，也仍然需要把事件真正發生的時間大幅縮減為所需的螢幕時間。例如，一場三小時的棒球比賽常被剪輯成三十秒的精華，做為一則新聞報導使用。

對於電影或電視所播放的畫面，你可以欣賞影像設計的藝術性；至於真實性，就需要你繼續保持「找出疑點」的敏銳能力。

觀察交流站

影評人

專業的影評人具有豐富的影像知識，因此能破解導演透過影像試圖傳達的意涵。

請你看一段以人物為主要拍攝對象的影片，注意人物在鏡頭裡的身體大小：

- 什麼時候鏡頭會拍攝這個人的臉部特寫？
- 什麼時候這個人的全身都出現在畫面上？
- 什麼時候這個人在畫面上顯得很高大？
- 什麼時候這個人在畫面上顯得很渺小？
- 你能分辨一段影片哪些部分是真實或安排演出的嗎？

關鍵祕密

蒙太奇

法語Montage的音譯，原意為構成、裝配。應用在影像藝術領域，是指將一系列在不同地點、從不同距離和角度、以不同方法拍攝的鏡頭排列組合起來，創造出新的劇情意義。

紀錄片

廣義來說，內容不是虛構的影片都屬於紀錄片；但是，有別於新聞報導的紀錄片，是指長期跟拍某事件或人物，以見證事件發展和人物行為過程的影像作品。

超人在我家

怎樣利用特效讓自己變身為超人呢？

我們學校要舉辦才藝表演，
請各位同學提出意見……
我有個提議！
我們可以來演超人拯救學校的舞臺劇！
超人和壞人決鬥的場面真的很酷耶！
可是，電影上的超能力都是特效，用舞臺劇演很難看耶！
是呵……好失望……

漆黑的夜裡，不明光點逼近地球，外星軍團入侵；各國出動大批兵力，都無法抵抗外星人的高科技武力，地球人即將毀滅，怎麼辦？「呼叫有特異功能的超人聯盟出動！」答對了，你果然是超人的超級影迷。

看到「S」這個英文字母，我常會聯想到 Superman 和 Spiderman，他們總是上山下海的拯救世界，成為許多人心目中的英雄偶像。如果你和超人、蜘蛛人一樣具有正義感和高尚道德，願意為維護世界和平而努力，歡迎你進入超人的祕密基地。

首先，你會注意到大片的藍色或綠色布幕，超人正在布幕前擺姿勢。想變身為超人，不是就近找個電話亭換穿緊身衣、圍上披風這麼簡單。當超人的第一件事就是要學會飛；他的飛天法寶並非那件紅色披風，而是吊在身上的鋼絲。

吊鋼絲時，超人穿著專用的裝備固定身體，然後配合吊車，用細而堅韌的鋼絲拉起他的身體；雖然感覺並不舒服，他仍以輕鬆的表情展現迴轉或飛天等漂亮身手。為了這一刻，超人已經準備許久，一再的練習。地面放置了軟墊、彈簧床等安全措施，嚴密保護超人的安全；因為，在這個階段，他只是個沒有超能力的平凡人。

鏡頭拍好後，剪接師使用剪接軟體的「去背功能」，移除畫面上藍色或綠色區域，只保留超人影像，接著任意加上另一背景畫面——例如喜瑪拉雅山，合成起來就像超人迅速飛到世界第一高峰了；至於鋼絲，也已經由動畫師利用電腦技術修掉了。在武俠片裡，俠客們經常一飛沖天，展開飛來飄去的武打場面，他們的高強武功同樣是拜吊鋼絲之賜。

如果用一塊藍幕遮住身體，再用剪接軟體把藍色消去，畫面上會發生什麼事呢？

「是隱身術吧！」

你又答對了。不管是蝙蝠俠、夜魔俠、鋼鐵人、綠巨人還是假面超人，都是因為特殊拍攝手法才能身懷絕技。

至於人體工學難以完成的高難度動作，以及現實世界拍攝不到的場景，則是動畫師以電腦動畫所完成的虛擬實境；所以，這類型的影片被歸類為科幻片。

如果你打算表演一場超人秀，基本功就是學會運用藍幕效果。在牆上布置一塊藍布，可以用棍子垂掛下來，或者用膠帶貼好，布面懸掛要平整；如果全身都要出現在鏡頭裡，藍幕的長度必須垂蓋至地面。然後穿上超人裝，在藍幕前站直舉手，抬頭微笑的望天花板；拍好後以剪接軟體去掉藍色換上天空背景。現在，你已經實現翱翔天際的超人夢了。

透過特效團隊天馬行空的創意結晶，超人無所不能；這些幕後工作人員才是真正超人聯盟的忠誠夥伴。

如果你能繼續保持創造超人的興趣，研究動畫如何創造出特效，你長大後或許也是超人聯盟的一員哩！

觀察交流站

3D動畫師

除了表現人體神乎其技的超能力，動畫師也會創造模擬自然的特效，例如龍捲風、雲和閃電等。

找一部你喜歡的超人影片，觀察一下：

- 出現的角色、動作、自然現象、武器等，有哪些是動畫？
- 如果一部片子沒有動畫，最精采的是哪一幕？

關鍵祕密

藍幕

人的皮膚沒有藍色和綠色，因此可以利用藍幕和綠幕進行合成效果。可是，太陽光偏藍色；如果使用藍幕卻沒有阻隔日光，讓日光照在演員臉上，當剪接軟體移除藍色時，會發現演員的臉也一併消失了。所以，現在的攝影棚大多用綠幕。

虛擬實境

就字面上的意思來說，「虛擬」是無中生有，「實境」是現實的環境；「虛擬實境」則是指，利用電腦繪圖創造出一個模擬現實的3D環境。在電腦上所建構的虛擬世界，可以藉由特殊的使用者界面讓人們進入這個虛擬空間中，獲得如同身處在真實世界一般的感受。

新聞臺

新聞好鼻師

記者為什麼知道哪裡有事件可以報導？

我們學校辦活動怎樣才能上報？

阿公！
我們家附近的夜市有一群高中生打架，警察有來處理，
還有一位記者來採訪耶！
那這個記者的鼻子比較靈敏，
所以別家報社沒來他來了。
可是，這家報社第二天也沒登這則新聞。
水果日報
我有參加射箭隊，如果我們出國比賽，記者會不會來報導呢？

媒體上的新聞，大致可分為國際新聞和國內新聞。

國際新聞的來源，包括媒體派駐在國外的記者、全球通訊社、或者電腦網路提供訊息。國內新聞則大多由媒體所屬記者採訪所得，有時候也參考其他媒體的訊息；例如，日報會和中央通訊社、晚報、電視、電臺合作。

依性質分類，新聞可細分為政治、文教、財經、體育、科技、醫藥、社會、影劇、交通生活、大陸新聞等。報社的記者通常依據擅長的知識領域，固定跑某一路線的新聞；電視臺的記者則是互相支援，採訪路線較不固定。

記者恰好目擊事件發生的機率是很小的，需要有人向他通風報信或是提供證據資料，這些人被稱為「消息來源」。跑固定路線的記者，通常會努力經營他的消息來源；例如，社會新聞記者會有一些警察朋友，當他到警察局拜訪時，若恰好警察接到報案必須出勤，記者就有機會獲得新聞。

消息來源通常是被動的接受記者詢問，現在則流行用「爆料」來形容消息來源主動向媒體提供內幕消息。這時，如果消息來源本來就對爆料的事件有特定的想法或偏見，而記者又沒有加以辨別真假就跟著報導，很容易讓讀者對真相有錯誤的理解。所以，好記者必須懂得選擇可信度高的消息來源，才能獲得讀者的信賴。

一位好記者在長期的工作鍛鍊下，培養出敏銳的觀察力，總是能夠迅速判斷得到的訊息是否有新聞價值，並且知道如何搜索相關資訊。這樣的能力被稱作「新聞鼻」，就像是具有靈敏的鼻子，一嗅就察覺新聞在哪裡。

足球賽有守門員負責擋球，媒體組織裡也有守門人負責擋住不適合傳播的訊息；但是，媒體的「守門人」並非特定的一個人。它指的是，媒體獲得大量資訊後，經篩選、刪減、編輯的過程，這過程有許多人參與其中。「守門人」的職責是決定什麼新聞應該被大眾知曉、什麼新聞上不了他們的版面或時段；因此，記者寫的新聞不一定會刊登。以所提問題為例，也許編輯認為不必渲染高中生打架事件，這則寫好的新聞就不被採用了。

參與記者會是記者獲得消息來源的重要管道。學校的活動屬於文教路線；因此，學校有什麼社團、校隊出國比賽或舉辦什麼大型活動，就可以發採訪邀請函給媒體的文教記者，邀請函上寫明記者會時間、地點、內容、特色、可拍到哪些精彩畫面；如果能準備文字新聞稿以及相關照片圖檔給記者，即使記者無法出席記者會，也可能幫忙發布新聞。

至於發布的新聞到底會不會上報呢？現在你知道了，這可不是記者一個人可以作主的事呵！

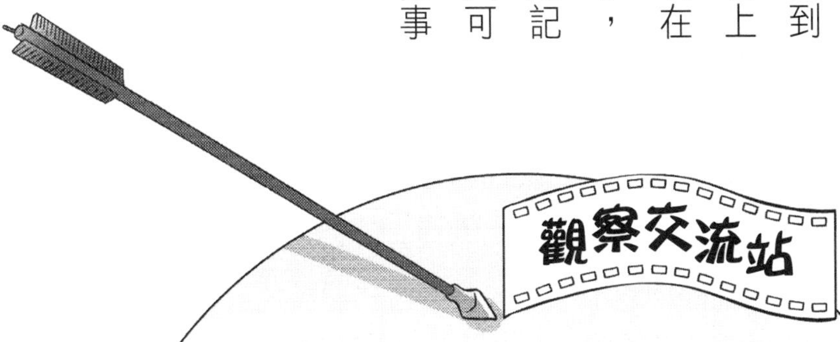

守門人

我們所接收的大眾傳播訊息，都是經過「守門人」的過濾，只有他們認為最具新聞價值的事件才會被報導給閱聽大眾；此外，守門人也必須求證訊息的真實性，不刊登沒有事實根據的新聞。

你可以找出兩份不同報社的報紙，觀察一下：

- 它們第一版的新聞相同嗎？
- 你認為哪一家放在第一版的新聞比較重要？為什麼？
- 如果兩家的頭版新聞一樣，他們的報導內容也一樣嗎？
- 你認為這兩家媒體對同一事件的認同態度一樣嗎？
- 翻閱其他版面的新聞，你認為哪則比頭版新聞重要？

關鍵祕密

通訊社

為報紙、雜誌、廣播和電視提供新聞而建立的公司，最早出現在十九世紀初。它們透過有線服務（開始是電報，今天是網際網路），以收費的方式提供大量的報導文章給其它的新聞媒體使用。

新聞價值

判斷事實本身所具有的特質是否足以構成新聞的的標準，包括影響力、即時性、接近性、顯著性、異常性、衝突性、人情味等，符合愈多項標準，價值就愈大。也有一種觀點認為，應該把報導這則事件後對群眾的啟發、教育作用等納入新聞價值的標準。

它抓得住我

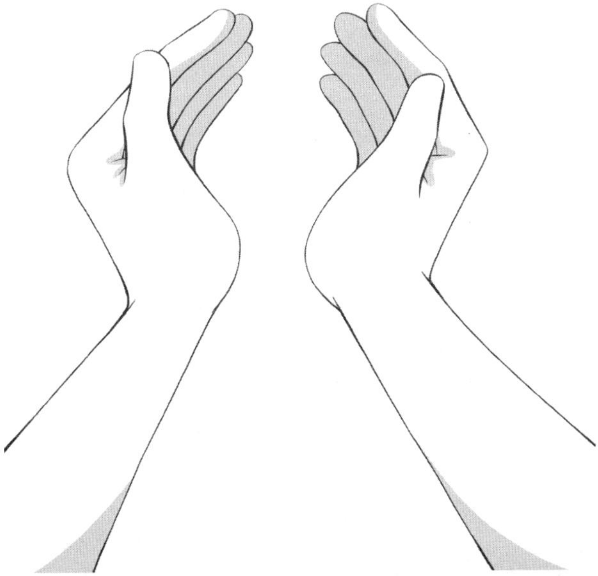

怎樣為網路報導文章下標題？

媒體組織裡誰負責寫新聞標題？

facebook
搜尋人、地標和事物
編輯
抗議！砂石車橫衝直撞，土地公亡命天涯
我寫了一篇文章貼到臉書上。
我家住的社區為了拓寬巷道，
要拆掉超過一百年歷史的土地公廟，
社區的住戶們大家都很反對，
而且這麼一來車子會變多，
環境品質也會受影響！
主要是寫：社區為了拓寬道路，要拆掉超過一百年的土地公廟。
小華　寫得太好啦！
給妳一個讚！
6分鐘前
美美　他們真的好過分呵！
網友回應說我寫得很生動。
標題：
抗議！砂石車橫衝直撞，
土地公亡命天涯
標題好像寫得太誇張了……
我長大後想當記者，記者都是怎麼寫新聞標題的呢？

一篇網路文章想衝高點閱人數，標題的吸引力的確很重要；同樣的，一則新聞如果搭配好的標題，就能抓住讀者的目光，引起他們進一步讀完整篇報導的好奇心。

但是，所謂「好的標題」除了要吸引人，更重要的是必須確實抓住報導的重點，協助讀者迅速掌握發生了什麼事。

你的標題非常有吸引力，一定花了許多時間構思；但是，你運用了「橫衝直撞」、「亡命天涯」等較聳動的文字，網友點閱全文之後，發現內容卻與標題有出入時，容易對事件產生懷疑，反而弄巧成拙，降低報導的可信度。

例如，你還沒看見砂石車開進巷道，拓寬以後也不確定是否通行砂石車，你卻用確定的語氣寫「砂石車橫衝直撞」，顯然不符合事實。如果網友沒時間仔細看內容，可能就信以為真而被誤導了。請記住，有創意但不聳動，才算高明的下標。

在媒體組織裡，有新聞編輯室負責新聞內容的最後呈現。報社的分工中，記者負責採訪撰稿，編輯在確認報導全文後下標題；廣播與電視新聞則是先由記者下標題，但是新聞編輯室可以更動或修飾。這些標題，也是媒體提供線上新聞服務的索引。

新聞類型很多，編輯會隨著報導內容的性質調整下標題的語氣。例如，生活娛樂新聞的標題通常輕鬆幽默；相反的，災難新聞就不適合用俏皮的語氣。

標題寫作不是玩文字遊戲，而是表達想法。例如，你下筆前先要想清楚自己要表達的是什麼：是要爭取保留土地公廟呢？還是在意車輛變多、環境變吵？另外，也要顧及邏輯合不合理：路要暢通，非要拆除土地公廟、拓寬巷道嗎？

你可以試著用一句完整的話，把報導的內容重點整理出來。例如：為了拓寬巷道，百年土地公廟面臨拆除危機。

這句話的意思很清楚，可是少了點吸引力。再來，你需要逐一嘗試刪減，看看刪除哪些字不會造成誤解或不清楚。例如，刪除「為了」，意思仍不變；讀者關心的是百年老廟將被拆除，不見得會注意到是什麼廟，「土地公」便可以不出現在標題。

然後，你可以想些生動的詞彙替換句中的描述。例如，換掉「面臨拆除危機」，改為「巷道拓寬強行施工，百年老廟何去何從」，讀者一看就知道文章的訴求事件，也感受到你對土地公廟的珍惜情感。

你懂得留意周遭環境的變化，又勤於寫文章，長大之後一定能成為出色的記者。

觀察交流站

如何下新聞標題

報紙可以隨意跳著看、重覆看，但電視新聞不行。人們通常會專注看報紙，卻會邊工作、邊聊天、邊看電視新聞；畫面若有一個醒目的文字標題，觀眾會先被標題吸引，才會專注聽主播在說些什麼。

選擇一個熱門的新聞事件，觀察報紙和電視的新聞標題有什麼不同？

- 報紙的標題有多少字？重點是什麼？
- 這則新聞出現在哪個版面？位置在哪裡？
- 同一新聞事件，電視臺的報導有幾分鐘？
- 電視新聞標題出現在畫面的哪些位置？重點是什麼？
- 這則新聞是第幾條播報的新聞？

關鍵祕密

新聞編輯室

負責決定新聞的取捨、處理和編排，並且確認報導內容的正確性，通常包括主編、編輯、助理編輯等人員。他們根據消息的重要性、受關注程度、最新發展以及時間與版面的限度，來選擇和改變當天的新聞編排。

線上新聞

結合印刷、廣播、電視、網際網路各媒體特性的新聞呈現形式，在文字報導之外還搭配其他媒介，例如照片、錄音、錄影等更多資訊的連結。通過在報導中所設置的連結，讀者可以依興趣點擊到其他相關網頁，獲取進一步的信息。

有圖沒真相

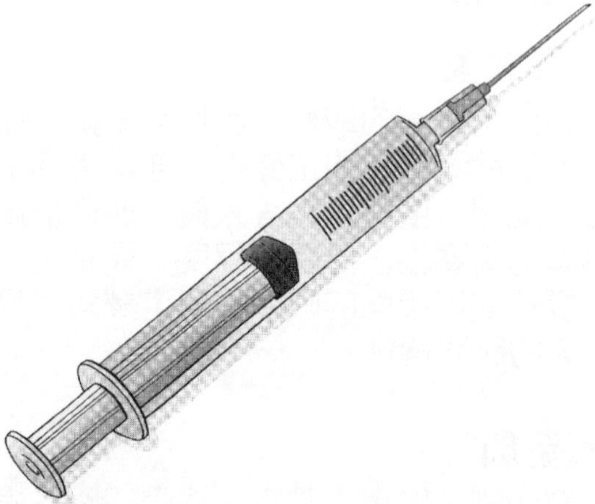

同樣的事件，各家媒體的說法不一樣，
誰的報導最正確？

電視新聞說新流感疫苗很安全。
但報紙上有一張一個男生昏迷的照片，記者寫可能是打疫苗造成的。
NEWS
因為這樣，爸媽不同意我打疫苗。
可是同學說，他媽媽說要打疫苗才有保護力。
到底誰說的才是對的啊？

我們居住的社區、城市或國家、世界，每天二十四小時不打烊，全年無休的不斷發生大大小小的事件。數不清的事件中，只有很少數能夠透過報紙、電視、廣播或網路等媒體，跨越時空傳播到社會各角落，成為當天的新聞。

新聞的「新」是「新鮮」的意思；不僅要求不能隔夜，最好是夠奇特，足以吸引大家的好奇心；或者關係著大多數人的利益，民眾自然會保持興趣，注意事件的變化。新流感疫苗就是一個例子，它的新聞價值高，所以各家媒體都會報導。

至於報導的方向是什麼？需要寫多少字的新聞稿？用幾分鐘播報？並非記者個人的決定。新聞媒體每天都是由編輯會議做為一天的開始，會議上匯集已經知道的事件或事故，包括地方記者、海外特派員或民眾提供的情報、通訊社的外電、別家媒體的新聞動向等，由編輯群判斷各新聞的重要性，並且決定頭條新聞，再分派記者前往採訪。

因為我們沒有親自到事發現場，媒體選擇的報導重點很容易影響我們對事件的認知；如果有照片或影片佐證，更令人相信真相就是如此。於是，為了搶時效並且取信觀眾，各家電視臺常出動SNG車進行現場直播。小學生排隊打疫苗的畫面，能夠讓觀眾建立「大多數人相信疫苗安全」的印象；看到病患躺在醫院病床上，立刻令人警覺到「原來疫苗有危險性」。兩者提供的雖然都是事實，卻只是部分的事實而已。

新聞裡的事實包括人、事、時、地、原因、如何，就是英文的五W一H：Who、What、When、Where、Why、How。你可以選一則今天的報紙新聞來驗證一下它的五W一H：誰是新聞主角？發生了什麼事？以及發生的地點、時間、原因和經過情形，應該在第一、第二段都找得到；接著每一段落才進一步寫出細節，愈不重要、趣味性愈多的訊息放在愈後段。這樣的寫作方式就像是一個倒立的金字塔，所以稱為「倒金字塔寫作法」。

新聞媒體遵守中立的工作倫理，如果事件涉及兩方的權利衝突，必須採訪雙方的意見，做出客觀的平衡報導。可是，百分之百的客觀很難做到，尤其深入追蹤對社會有重要影響的事件後，媒體總是希望提供進一步的新聞分析給大眾參考；這時候，報社常用特稿或專欄方式呈現，電視臺則會闢深度報導或談話節目，將意見與事實分開討論，避免混淆大眾的判斷。

讀新聞就像消費，同樣是「貨比三家不吃虧」；媒體的責任是提供充分的訊息，並不能為我們做決定。要不要接種新流感疫苗，最後還是要由父母決定。

觀察交流站

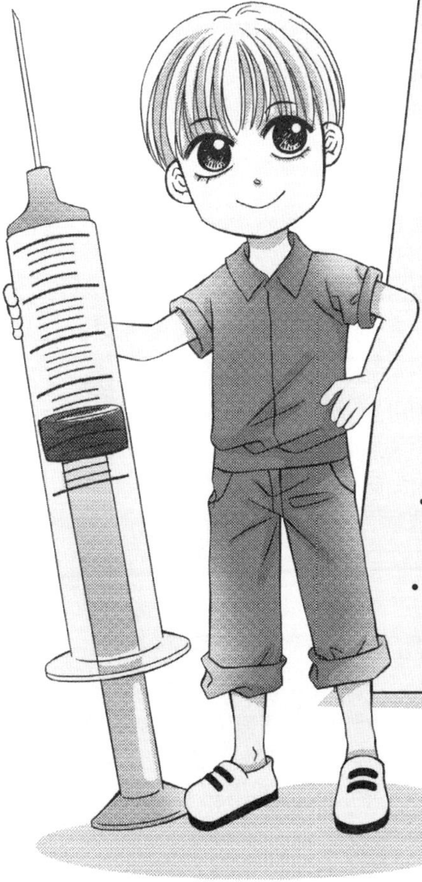

電視新聞編輯

根據消息的重要性、受關注程度、最新發展以及時間與版面的限度，編輯要負責決定當天新聞的取捨、處理和編排播報順序。

以下有五則新聞，從最重要到最不重要，你會怎樣安排順序？

- 老虎逃出動物園，闖入民宅。
- 北極冰層融化，北極熊無家可歸。
- 臺灣少棒代表隊拿下世界冠軍，載譽歸國。
- 大型百貨公司發生火災，所幸無人傷亡。
- 國小新生入學人數再創新低，教師憂心失業。

關鍵祕密

特派員

被媒體派遣在該媒體所在地以外的城市或國家工作的記者，或突發事件發生時被馬上派往事發地點採訪的記者，皆稱為特派記者，在派駐地代表該媒體進行報導。

SNG

Satellite News Gathering的簡稱，中文譯為「衛星新聞蒐集」。透過衛星採訪車上的碟型天線設備，將採訪畫面以微波訊號發射至衛星，再由衛星將訊號傳達到地面的接收站，然後送到訂戶的電視機；因此，觀眾不必出門就能即時看到「正在發生的事情」。

如假不包換

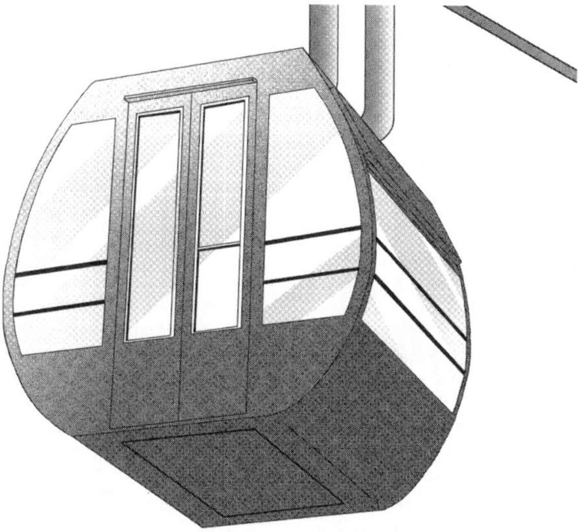

聽說新聞不一定是真的，

為什麼記者要寫假的新聞？

爸爸看見新聞報導，某家遊樂園請了好幾個國家的街頭藝人來表演。
假日爸爸就帶我們全家去玩。
結果大部分的表演都是普通的特技。
現在新聞都不能相信，因為有錢就能買新聞。
我爸因此很不高興。
但……爸爸說的是真的嗎？

「有錢就能買新聞」雖然是氣話，但我必須先肯定你爸爸的觀察，有部分是存在的現象。在新聞時段或版面報導商業訊息，例如大型賣場的促銷活動，或者某新產品上市，造成排隊搶購熱潮，畫面上如果出現廠商的標誌，不免會引起民眾對於新聞廣告化的疑慮。

我用「疑慮」來形容是因為，這可能是由廠商付費給媒體的「置入性行銷」；也可能是一個「假事件」。假事件並不是指用錢買新聞，也不等同於假的新聞，而是指媒體所報導出來的消息是經過設計、刻意製造出來的；例如，由公關人員巧妙安排有新聞價值的事件，吸引記者來採訪。

一般而言，只要是涉及大眾利益和大眾關心的議題，都算符合新聞價值。以下六個條件，符合愈多條件的事件，它的新聞價值愈高：

一、異常性──不常見的訊息內容。
二、影響性──影響範圍廣。
三、時效性──近期發生的事。
四、地域性──接近閱聽人的生活區。
五、顯著性──事件主角是有名氣的人。
六、衝突性──具有衝突的元素。

舉例來說，媒體報導某演員出席某項公益活動，記者「順便」提到，這位演員有一齣新戲正要上檔。這則新聞算不算是一種廣告行為？嗯，的確帶有廣告嫌疑。但是，這位偶像藝人和公益活動，有沒有被報導的新聞價值呢？對媒體和記者來說，只要有新聞價值，即使知道是安排的假事件，也會選擇性的報導。

有哪類新聞最常製造假事件呢？

放眼各類新聞，就以娛樂新聞、政治新聞以及消費新聞三類最可能製造假事件；因為，藉由媒體曝光，政治人物可以提昇知名度；商家可以讓消費者加深對品牌的印象；節目製作單位可以炒作收視率。

為了引起媒體的興趣，假事件通常比一般自然發生的社會真實事件更戲劇化、更刺激，也就是說，更具有異常性和衝突性。此外，假事件最常用召開記者會主動「爆料」的方式，達到宣傳目的。

記者會上通常都會提供給記者一個資料袋，作為新聞稿的參考；當然，也安排了最上鏡頭的畫面供記者攝影。而記者會的形式以娛樂新聞最為多樣化，包括由唱片公司或經紀公司舉辦的簽唱會、影友會、握手會等，其實都具有記者會的功能；只要有活動、有人潮，自然而然的就成了媒體報導的內容。

你們全家去光臨的遊樂園，如果只是請了國外的街頭藝人來表演就成了新聞，的確有可能是買來的新聞；即使是舉辦公益活動的記者會，例如招待身心障礙兒童免費遊園，都應該算是假事件。無論如何，媒體本身有責任將報導焦點說請楚，避免淪為「傳聲筒」，甚至失去閱聽人的信任。

受騙的感覺總是令人不舒服；不過，能夠全家一起出遊，又學到判斷媒體資訊真假的經驗，也算是另一種收穫呵！

觀察交流站

媒體公關人員

主要職責是協助機構建立良好的公共關係，透過媒體散布讓大眾有好感的形象，擅長溝通和協調、製作各種宣傳材料、舉辦活動，並且熟悉最新流行的議題。

參加知名廠商贊助的活動時，你可以觀察：

- 活動主題和該廠商的產品有什麼關聯？
- 現場邀請了哪些來賓出席？有哪些人致詞？
- 這些來賓的專長和該活動的主題有什麼關聯？
- 現場記者在哪些來賓上臺時會攝影？
- 如果沒有名人參與，這場活動會不會吸引記者來報導？

新聞廣告化

在新聞當中，將各式各樣的商業訊息當作新聞題材，在新聞時段或版面中報導；例如：在電視新聞當中報導該臺推出的新連續劇，或該連續劇演員參與某項活動。若是將廣告內容模擬新聞的形式來呈現，在廣告時段或版面刊播，則稱作「廣告新聞化」。

置入性行銷

將推銷的產品或政策，以巧妙的手法置入於新聞或節目等媒體內容，藉由在媒體的曝光率來達成廣告效果。最常見的置入性行銷，是在電影或電視節目畫面中，刻意安排自家的產品成為擺設的道具或演員使用的商品；例如，電影《變形金剛》裡的汽車都是贊助商所提供。

鏡頭下的隱私權

我能不能拒絕被記者採訪和拍照？

記者所在位置是最近傳出霸凌事件的學校裡。
TV
同學，你對霸凌事件有什麼看法？
TV
我不想發表意見……
你是不是害怕那些霸凌別人的學長學姊呢？
我又不是公眾人物，我只是不想上新聞……
可是電視臺有拍到我，這算不算偷拍啊？

每個人都希望自己被揚善隱惡；只要是得獎、捐贈之類光榮的事與好事，媒體要求採訪報導，當然歡迎；不光彩的事情就會迴避媒體揭露，能躲則躲。

所謂偷拍的「偷」，是指在未獲當事人同意下進行攝影並且公開傳布；雖然電視臺的攝影機並非隱藏在暗處取得畫面，只要未告知被拍攝者，都算是偷拍。如果被偷拍者不願意公開露臉，看到之後一定會產生不舒服的感覺，甚至可能發生衝突。

但是，校園霸凌是社會大眾關注的焦點，根據法律保障的新聞自由，媒體擁有權利採集訊息，並發布給公眾知悉。你並非事件的直接相關人，當然有不接受訪問的權利；至於電視臺在捕捉搭配新聞所需的畫面時拍到校園內不想入鏡的你，如果沒有侵犯隱私權和肖像權的問題，這是在合法範圍內的採訪行為。

隱私權在聯合國頒布的《世界人權宣言》第十二條中明確定義：「任何人的私生活、家庭、住宅和通信不得任意干涉，他的榮譽和名譽不得加以攻擊。人人有權享受法律保護，以免受這種干涉或攻擊。」

因此，記者雖然擁有正當的採訪權，然而，經由媒體所刊登的新聞，如果不是基於國家利益或公共利益，而是任意報導個人隱私，就無法受到新聞自由的保護。例如，八卦雜誌報導知名藝人「轟趴」（home party）的玩樂行為並公布偷拍的照片，被藝人以「侵犯隱私權」一狀告到法院，曾經引起社會各界的討論。

有人主張，藝人常有機會成為公益形象廣告的代言人，並且是時下青少年的偶像，應該在私生活上也做青少年的好榜樣。這是道德上的看法。

對公眾人物而言，同樣享有隱私權和肖像權。當媒體為了獲得獨家新聞，以狗仔隊跟蹤、偷拍的方式，對準私人住宅獵取鏡頭，渲染其私生活，甚至以傳聞當新聞，就可能必須面對法律責任。

肖像權問題則是指，未經授權使用個人或團體的照片。例如，美國曾經有一個案例，報紙刊出婦女的裙子被風吹起來的畫面，法院認為並不符合公共利益的合法性，判決報社敗訴。另一個案例是，電視臺偷偷拍攝馬戲團的表演，並在新聞節目中播放，法官裁定電視臺侵犯了馬戲團的權利。

我觀察到，霸凌和偷拍有個共通點，兩者都是「不尊重他人」而做出遊走法律邊緣的行為。面對令人不舒服的情境，除了明確表達感想之外，建議你也多留心法律常識，才是保護自己的王道。

觀察交流站

名人的隱私權

媒體競爭日益激烈的環境下，為了爭取更多的讀者或觀眾，攝影記者千方百計要拍到名人照片；雖然滿足消費者的好奇心，卻常牽涉到隱私權的爭議。

在報紙刊登的照片中，找出一張你懷疑可能是偷拍的照片，觀察下面問題：

・這張照片出現在哪一個版面？
・和這張照片相關的新聞是什麼？
・看得出來拍攝的地點嗎？在哪裡？
・你認為這張照片有沒有侵犯隱私權？
・你認為這則新聞是不是大眾關心的事？

關鍵祕密

新聞自由

政府通過憲法或相關法律條文，保障新聞界採集、報導、發布信息等的自由權利，但這項自由必須以符合公眾利益為前提。另一方面，政府有責任和義務針對官方信息的重要性，決定哪些信息涉及國家機密而必須受到保護，新聞自由因此也受到國家利益的限制。

狗仔隊

為英文paparazi（源自義大利文）的翻譯，通常指一些專門跟蹤、監視知名人士並進行偷拍的記者；「狗仔」是形容他們像狗類一樣，善用靈敏的嗅覺追蹤獵物。由於長時間的跟蹤、守候，必須有夥伴輪班合作才能完成，因此有「狗仔隊」之稱。

好事傳千里

想發起募款活動，怎樣傳播
消息才能讓最多人響應？

最近我們班同學討論要辦一場街頭音樂和舞蹈義演，募款捐給水災的受災小學。
募款箱
會不會沒有人來看呀？
不會啦，我爸告訴我，表演開始時觀眾就會圍過來。
不過，
我覺得如果有很多人知道這個消息，特地跑來看，募款效果會更好！
可是……
小孩自己辦的活動，會有媒體來報導嗎？
募款箱

「新聞好鼻師」曾經告訴過大家，召開記者會時，會利用新聞稿寫出目的和特色，吸引記者報導活動訊息。然而，大眾媒體的新聞價值偏向衝突性、顯著性和稀有性，不一定會在有限的版面和時間裡登出募款之類的一般消息。

有句諺語說：「好事不出門，壞事傳千里。」這也存在於媒體傳播衝突性新聞的普遍現象——好事情不容易被人知道，壞事情卻往往爭相報導、傳得很快。影響所及，容易令大眾產生不安全感，或者對社會事件麻痺冷漠。

在網路科技發達的現代，如果媒體上充斥著「壞事」，傳播的速度更是以前無法想像的，引起的負面效應——例如模仿，就會像野火燎原，一發不可收拾。

所幸，現代媒體世界可以運用的傳播訊息管道很多元，不必凡事依賴大眾媒體，我們大可發揮傳播權，自己來報導自己；換句話說，就是做自己的媒體。只要能善用新興科技，正面的傳播力量同樣能引起正面效應，讓好事傳千里。

首先，你們必須考慮傳播的目標對象是誰？針對不同的閱聽人採取不同的傳播媒介。

「閱聽人」的說法起源於從前的希臘和羅馬城市，那時已經有劇院、競技場這類公共表演場所，閱聽人指的就是參與活動的人。現在所說的閱聽人則包括出版物的讀者、廣播的聽眾以及影視的觀眾。所以，你們可以採取的傳播策略，就是要邀請宅在家裡的閱聽人，共同聚集在街頭表演現場，與你們準備的音樂和舞蹈節目互動。

針對個別的閱聽人，可以先在家庭和學校等場合告訴身邊的人，藉由口耳相傳的人際傳播，請他們將動員令「一傳十、十傳百」的散布出去。針對團體閱聽人——例如慈善基金會，則可以利用打電話、寫信、上網留言等方法，將這次活動對水災的關心表現出來，這也是練習表達意見的好機會。

再來要考慮媒體的特性，掌握傳播時效和傳播內容。活動前一、兩天，可利用網路的即時與連結特質，提醒網友活動的時間、地點；此外，還可將活動目的和演出節目製成小傳單，在活動當天散發給活動現場附近的路人。

經由小眾傳播所集合起來的聲勢，現場募款的義行想必一定能獲得眾多閱聽人響應。這時，如果大眾媒體因為這個活動的顯著性提升而聞風前來報導，讓社會多一則好新聞流傳，反而是你們的額外收穫了。

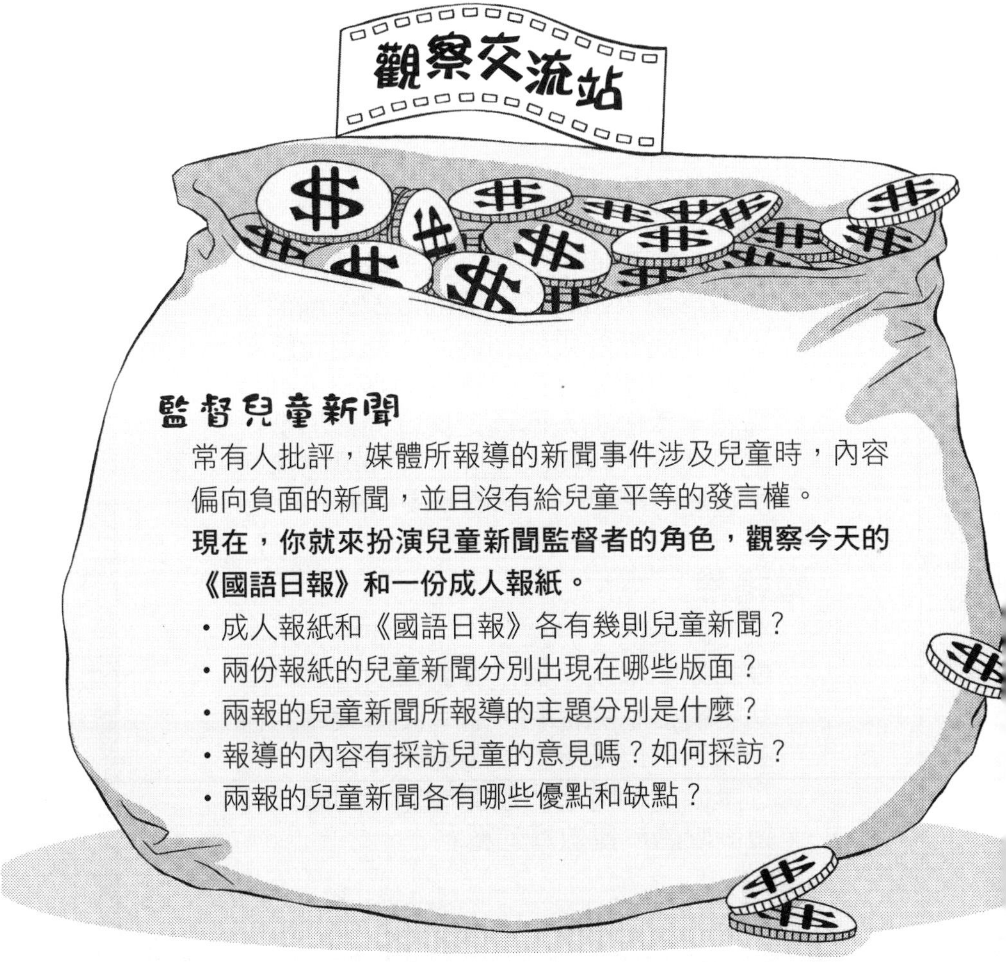

觀察交流站

監督兒童新聞

常有人批評，媒體所報導的新聞事件涉及兒童時，內容偏向負面的新聞，並且沒有給兒童平等的發言權。

現在，你就來扮演兒童新聞監督者的角色，觀察今天的《國語日報》和一份成人報紙。

- 成人報紙和《國語日報》各有幾則兒童新聞？
- 兩份報紙的兒童新聞分別出現在哪些版面？
- 兩報的兒童新聞所報導的主題分別是什麼？
- 報導的內容有採訪兒童的意見嗎？如何採訪？
- 兩報的兒童新聞各有哪些優點和缺點？

關鍵祕密

傳播科技

協助人類溝通、分享、以及處理訊息的技術方法，例如印刷術的發明、利用電流傳遞消息的電報和電話、利用無線電波和通訊衛星技術的廣播與電視，以及電腦、手機加入傳播工具行列後的數位化科技等。科技的進展，促使訊息傳遞的速度愈來愈快、範圍愈來愈廣。

傳播權

公民社會的世界趨勢，主張閱聽人不僅享有知的權利、被正確報導的權利、隱私不被侵犯的權利，還有製播媒體內容的權利，以及接近使用媒體的權利。為了具備主動傳播訊息的能力，閱聽人有接受媒體素養教育的權利。

購物臺

沒有廣告行不行

廣告是不是都在賣產品？

電視是不是一定要播廣告？

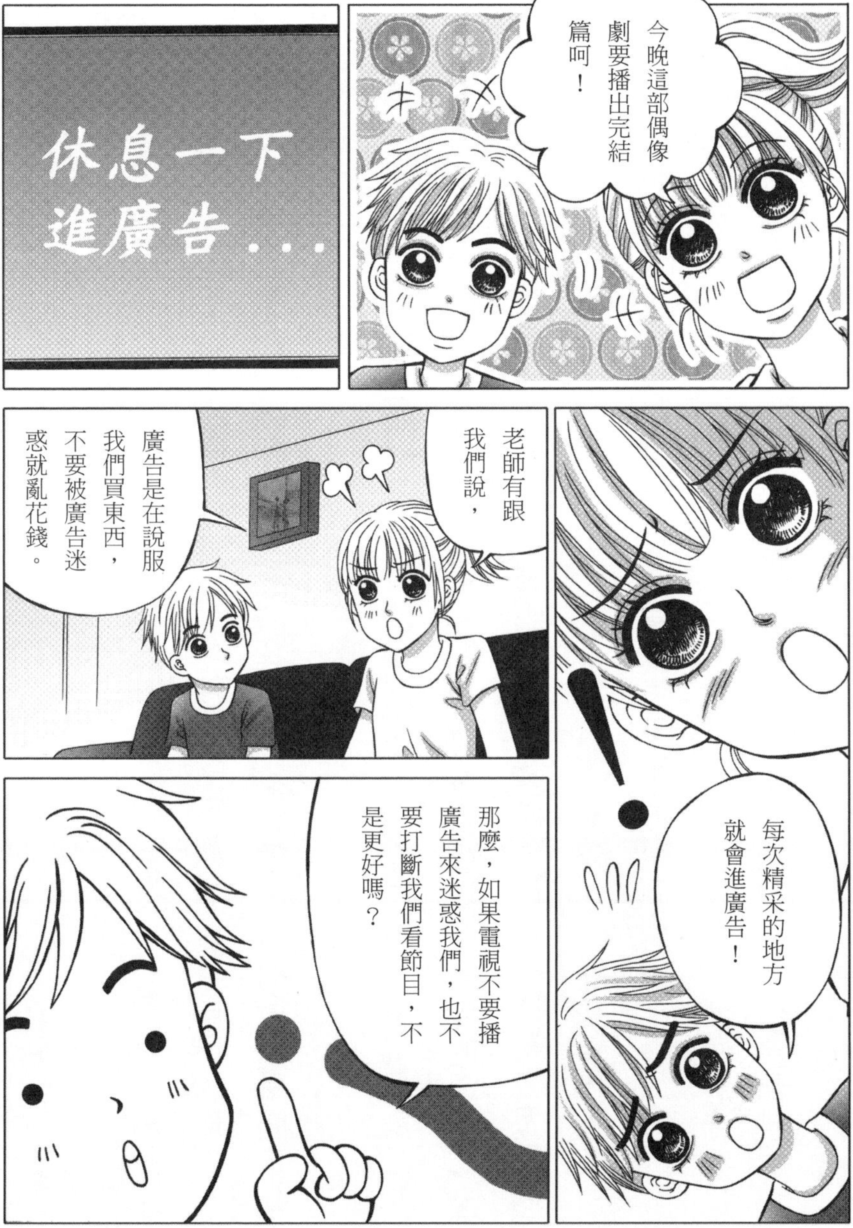
今晚這部偶像劇要播出完結篇呵！
休息一下進廣告．．．
每次精采的地方就會進廣告！
老師有跟我們說，
廣告是在說服我們買東西，不要被廣告迷惑就亂花錢。
那麼，如果電視不要播廣告來迷惑我們，也不要打斷我們看節目，不是更好嗎？

你有和家人一起逛過傳統市場嗎？市場內攤販們叫賣著自己的貨品，沿路有人在發傳單，旁邊的商店街招牌林立；這時候，你的所見所聞正是最早的廣告世界。

顧名思義，廣告就是「廣泛告知」的意思，將信息傳播給愈多人愈好。西方的古希臘時期，商販叫賣奴隸和牲畜，被公認是廣告的起源，至少有兩千五百年歷史了。隨著傳播科技興起，廣告出現在所有大眾媒體中，例如電視、廣播、網路、印刷、戶外媒體；據統計，住在現代化都市中的人，每天生活中所接觸到的廣告高達五百至六百則。

就如你的老師所說，大多數的廣告是設計來推銷產品，促使消費者採取購買行動，達到營利的目的。為了接觸到大量的潛在消費者，廣告主也願意付費在媒體上「打廣告」；媒體則是依照廣告的長度、收看、點閱或收聽的人數、版面大小、出現的次數，來訂定收費標準。

觀眾看多了不斷密集播送的廣告，很容易不知不覺的記住這些「知名品牌」。例如，你用的鉛筆盒、背的書包、身上的衣服、腳上的鞋子、裝水的水壺、刷牙的牙膏……是不是都有某個你喜歡的卡通圖案？又例如，你為什麼選擇去甲速食店買披薩，而不選乙速食店的漢堡呢？這都是廣告對你產生的消費影響。

「賣廣告」既然是多數商業媒體運作經營的主要收入，當然對於產製的節目內容有很大的影響力。商業媒體在製作節目前，就會以這個節目「能否吸引最多收視率、廣告主是否願意投資」為優先考量，可能因此忽略一些重要卻不受廣告主青睞的內容；例如兒童節目，因為廣告收益少，電視臺投資的製作經費和節目數量就相對很少。

有時候，觀眾會抱怨愛看的節目中廣告太多；其實，法令有規定商業廣告在電視臺播出的次數及時間。三十分鐘的節目可以插播兩次廣告，四十五分鐘可以播三次，一小時的節目最多播四次；播送時間則不可超過總時間的百分之十五，也就是說，一小時的節目中，不能多於九分鐘。

然而，廣告倒不是都在賣產品。廣告主有時會拍攝強調服務和形象的廣告，或者贊助拍攝公益廣告；政府部門也經常透過宣導短片，推動新政策或塑造民眾的觀念。非營利的公共媒體在節目中不插播廣告；但是，在節目的開始前與結束後，仍會播出贊助單位的形象廣告。

如果完全不想看廣告的話，觀眾就必須願意花錢，訂閱以收視費為經營來源的付費頻道。可是，你喜歡的節目偏偏在免費的商業頻道播出，怎麼辦呢？試試看，看到廣告時，按遙控器上的靜音鈕；失去了聲音，廣告就不那麼惱人了。

觀察交流站

媒體購買人員

廣告要放在對的媒體上，確保能接觸到目標對象；因此，有專業的媒體購買人員替廣告主安排最好的廣告策略。

在家裡找一樣你最有興趣為它設計廣告內容的產品，想一想：

- 這廣告是賣給誰的？對誰有效？
- 產品的價值多少？值得花多少錢打廣告？
- 適合在電視播出嗎？哪一臺播效果最好？
- 適合在報紙刊登嗎？在哪一報刊登效果最好？
- 適合在雜誌刊登嗎？在哪一類雜誌刊登效果最好？

關鍵祕密

形象廣告

廣告中不直接介紹商品特色，而是強調製造公司的良好形象，以及參與的公益活動內容，目的是增強知名度，讓消費者接受商品品牌與公司信譽，產生信任的好感。

付費頻道

根據「有線廣播電視法」，訂戶定期繳交基本費用收視的頻道屬於「基本頻道」；在基本頻道以外，必須額外付費才能收看的頻道稱作「付費頻道」。基本頻道通常會有廣告，付費頻道則是專業化、個性化、無廣告的頻道，例如職籃頻道、人物傳記頻道等。

就是要你紅

廣告為什麼那樣厲害，

能說服人去買東西？

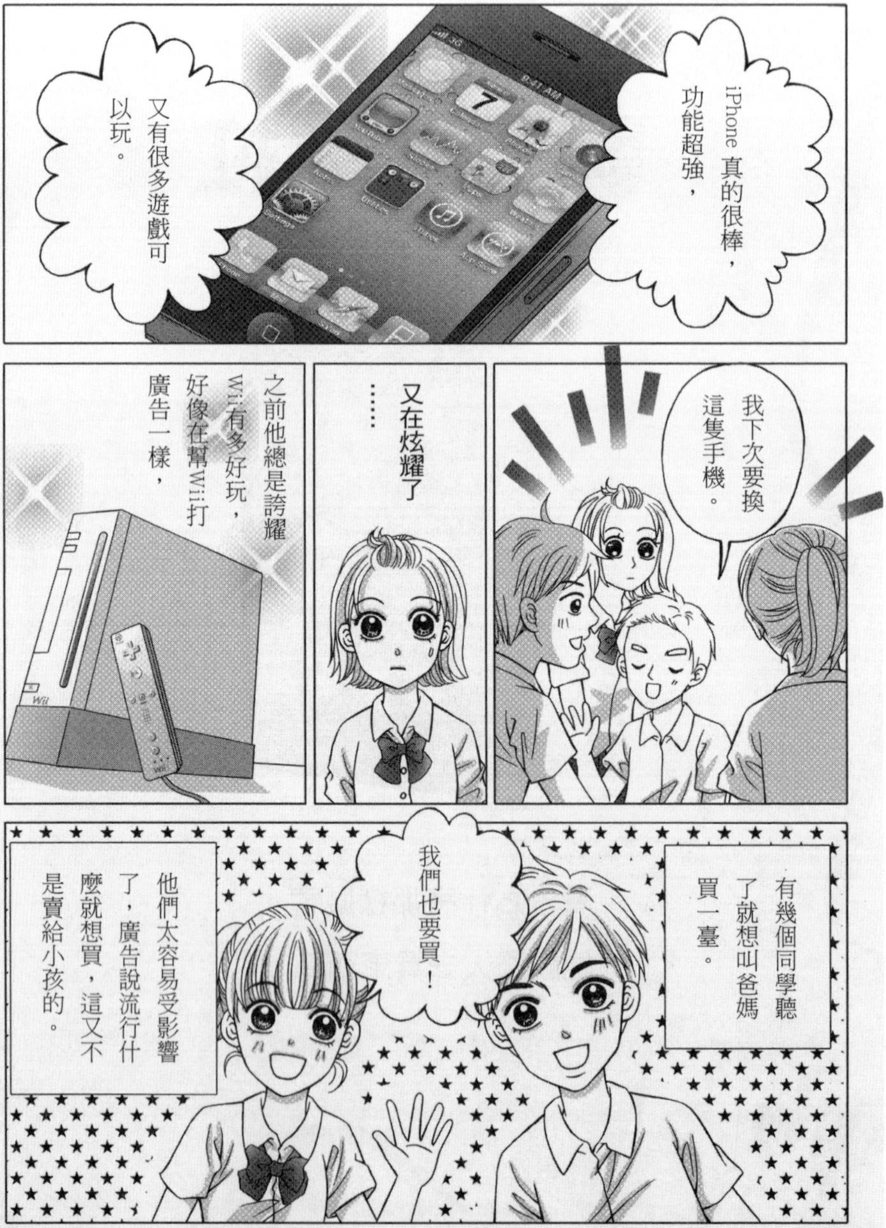
iPhone真的很棒，功能超強，
又有很多遊戲可以玩。
我下次要換這隻手機。
又在炫耀了……
之前他總是誇耀Wii有多好玩，好像在幫Wii打廣告一樣，
有幾個同學聽了就想叫爸媽買一臺。
我們也要買！
他們太容易受影響了，廣告說流行什麼就想買，這又不是賣給小孩的。

廣告對於消費者購買行為的影響力的確很厲害；因為，廣告的特性就是說服和銷售，透過強勢的宣傳讓產品一炮而紅，形成閱聽人之間一種口耳相傳的力量，再利用產品引起的話題性，促成消費者的購買決定。

為了達到說服消費者掏錢的目標，製作廣告的人員必須精心「包裝」廣告的內容，美化產品或品牌，建立好印象，這過程就是所謂的「廣告手法」。說穿了，就是讓人產生「想要」的慾望，或者暗示消費者「需要」這些產品來增進人際吸引力。

廣告手法的基本功是熟悉影像和平面的設計，藉以傳達產品的獨特與價值。例如：使用顏色、亮度營造氣氛；用特殊的攝影角度增加戲劇性；用字體、道具創造風格；為人物設計特別的穿著和姿勢，表達產品如何讓他們更有力量、更性感、或更聰明。

電視廣告時間通常是以秒計算，在這短暫的瞬間要如何吸引消費者的注意力，甚至牢牢記住新產品名稱？除了基本功之外，當然還需要鍛鍊一些絕招。

絕招一：吸引目光。最常見的手法是找大家都認識的人物代言產品，例如歌星、明星、運動選手等。高價位或新穎的產品——例如智慧型手機，尤其偏愛找當紅的名人推薦，將他們的人氣與商品產生聯結，讓粉絲們產生認同感，相信擁有廣告中的商品就和偶像一樣「有型」。

絕招二：打動人心。在大賣場中有眾多品牌競爭的日常生活用品，例如洗髮精、衛生紙等，則傾向用口碑打動人心。因此，會由一般民眾的角色扮演愛用者，以平易近人、親身體驗的說法，強調商品的優點能帶來更好的生活。

絕招三：挑戰對手。直接拿兩個同種類的商品進行比較，例如功能、價格、耐用時間等；在比較的過程中，凸顯自家商品的特色、暴露它牌商品的缺點，刺激觀眾察覺「原來如此」的驚訝反應。

絕招四：強迫記憶。創造一句琅琅上口的標語，或一首容易哼唱的短歌，密集的反覆播送，令人不自覺的記住帶有商品名稱的聲音；在決定購物的當下，會以為選擇熟悉的品牌比較安心。

絕招五：喚起行動：如果廣告不直接賣產品，而是強調品牌公司參與公益活動的內容，公益活動此時也成了包裝手法。例如，請你上某個網站點選廣告，某慈善機構就能得到捐款；消費者在參與助人當中，會對該品牌充滿好感。

廣告不僅是說服人買東西，也可以說服人接受某一個觀念，或者捧紅一個人物；它透過集體效應來拓展影響力，愈缺乏自信的人愈難以招架。

你能不盲目跟隨流行，懂得判斷「這不是小孩購買的產品」，實在很難得，我豎起大拇指向你說一聲「讚！」

觀察交流站

流行現象塑造

找出一個媒體流行現象——可能是一部新的電影、電腦遊戲或展覽，看看它所涵蓋的媒體範圍，例如新聞封面、贈品、廣告、商品等。

想想看，他們如何拓展觀眾呢？

- 你在哪些媒體上看到它的廣告？
- 它是不是有發送帶有廣告的免費贈品？
- 它是不是有販賣相關商品？
- 它的推薦者是名人還是一般大眾？
- 如果有媒體報導它，報導的內容和廣告有什麼不同？

關鍵祕密

智慧型手機

擁有開放系統環境、並允許第三方自行研發應用軟體（簡稱App）提供使用者自由運用的手機。這種手機所謂的「智慧」，就是像電腦一樣，可以隨意安裝和移除應用軟體，其他功能和一般手機相同。

粉絲

英文「fans」的諧音，意為「愛好者」，通常指對於某些體育、人物、節目、產品、藝術品、信念或流行趨勢等非常喜愛與支持的人。他們會形成團體組織，舉辦交流活動，吸收更多同好。而愛好者所喜歡的人物通常稱為「偶像」。

不能說的祕密

廣告的玩具贈品和真實的贈品

為什麼差那麼多？

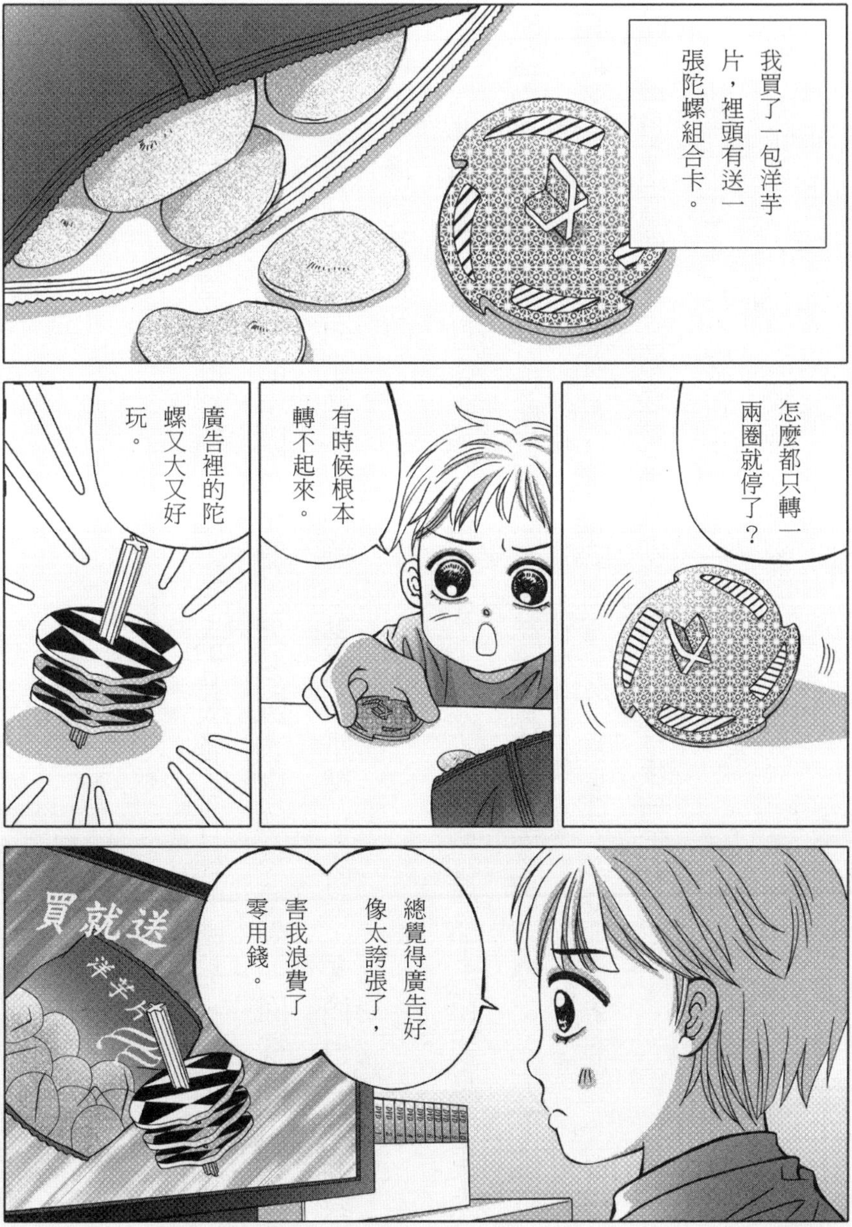
我買了一包洋芋片，裡頭有送一張陀螺組合卡。
怎麼都只轉一兩圈就停了？
有時候根本轉不起來。
廣告裡的陀螺又大又好玩。
總覺得廣告好像太誇張了，害我浪費了零用錢。
買就送
洋芋片

校門口和人潮多的路邊，經常有人在發各式各樣的贈品，像是實用的紙巾、原子筆、試用品；因為免費，大多數人會欣然接受。同樣的，花錢買一包零食，如果有附送手機吊飾、貼紙、紙牌、玩具，我們也會很高興多得了一樣免費贈品。

這些贈品其實是廣告的行銷方式；除了告知新產品上市訊息，更大的目的是讓大家對商品產生好感，引起購買的慾望。俗話說：「天下沒有白吃的午餐」；若是如此，贈品為什麼能夠免費大放送呢？為什麼「送贈品」還得拍廣告片，透過螢幕大力宣傳呢？背後一定有祕密。

我們必須清楚「廣告主」、「廣告公司」、「電視公司」和「觀眾」之間的關係，才有辦法破解這個祕密。

「廣告主」是指商品的生產商或代理商，他們希望賣東西給消費者，於是花錢請「廣告公司」設計廣告，並且安排廣告密集曝光。「電視公司」製作節目讓「觀眾」免費收看，再把節目之間的空檔分成幾個廣告時段賣給廣告公司；收視率愈高的節目，廣告時段收費愈昂貴。所以，收看節目的同時，觀眾其實是在替電視公司賺取廣告費。

產品要賣得好，不是只有廣告就行，還要有吸引消費者注意的活動促銷——附送贈品、參加抽獎等是最常用的手法。例如，洋芋片公司就是廣告主，他們經過市場調查發現中小學生是大客戶，而小孩子都喜歡玩具，所以就用送玩具的方法，吸引學童固定購買他們品牌的洋芋片。

廣告公司負責設計贈品在電視上的美好形象，特別強調好玩和收集價值來打動人心：第一招，用小孩子喜歡的卡通人物肖像包裝產品和贈品；第二招，找人氣明星拍廣告，邀請觀眾和他一起收集贈品；第三招，利用特寫鏡頭讓贈品看起來很大；第四招，利用特殊效果把贈品拍得十分神奇，像是小小的紙陀螺能夠一直旋轉，再搭配音效烘托歡樂氣氛。

因為廣告主必需負擔所有廣告費、贈品製作費，以及卡通人物肖像授權費，這些支出都會算進成本裡，所以每包洋芋片的售價也就因為廣告而提高了。

洋芋片屬於高糖、高鹽、高熱量的食品，大多數兒童都知道吃多了對身體不健康；但是，在卡通玩具贈品或卡通包裝的誘惑下，還是會忍不住購買。贈品拿在手上，我們才知道真實的大小；玩的時候沒有燈光和音效的配合，也沒有喜歡的明星一起玩，心裡難免覺得失望。

在買電視廣告產品之前，建議你先向買過的朋友詢問他們的評價。在賣場看到真實商品的尺寸，心裡評估一下裡頭贈品的合理大小。當一個有福爾摩斯偵探頭腦的消費者，才能用有限的零用錢買到真正需要的好東西。

觀察交流站

市場調查員

市場調查員最重要的工作是找出不同年齡、性別、職業、收入、居住地區的人對於產品的使用喜好。

你可以到家裡附近的超商食品區觀察一下：

- 哪一類食品的品牌最多？
- 這一類食品各品牌的價格範圍為何？
- 這一類食品的包裝有什麼特色？
- 你認為購買這一類食品的主要年齡層為何？
- 你推測的這個年齡層，最常花錢購買哪些產品？

關鍵祕密

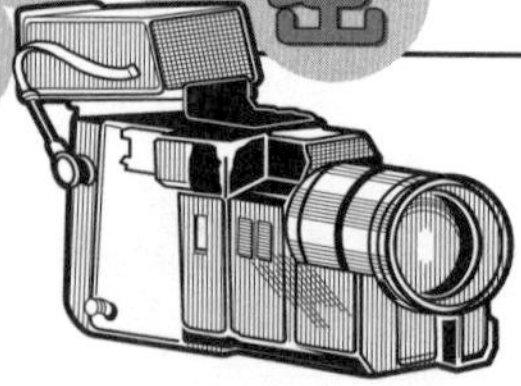

螢幕和銀幕

螢幕是本身會發光的螢光幕，最初是電視的代稱；後來陸續發明的電腦、手機、監視器上的畫面顯示器，都稱作螢幕。電影院放電影以及搭配投影機使用的布幕，則稱作「銀幕」；其本身不會發光，是用來反光播映畫面。

廣告時段費

廣告公司購買廣告時段後，將製作好的廣告委託電視臺播出。廣告時段費通常以十秒為計價單位，全國性的無線電視臺每一單位的廣告收費數萬元；如果想在黃金時段的八點檔節目中播出一天廣告，往往需要數十萬元。

當廣告遇上新聞

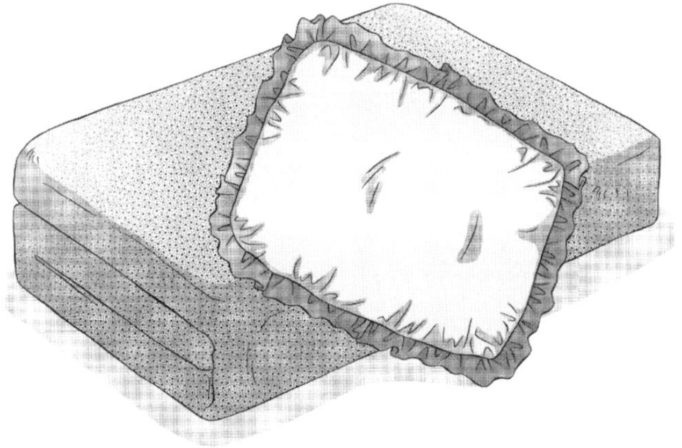

採訪路人使用產品的感想是不是真的？

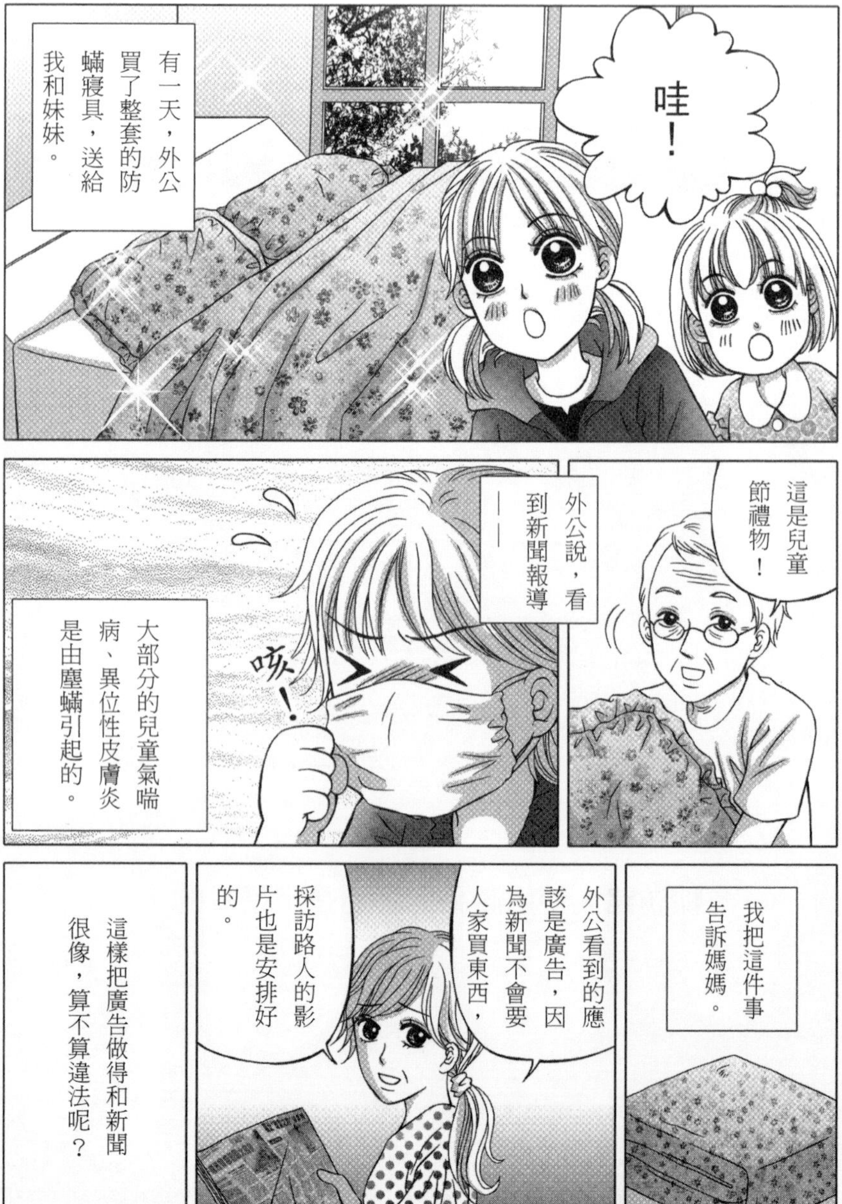
哇！
有一天，外公買了整套的防螨寢具，送給我和妹妹。
這是兒童節禮物！
外公說，看到新聞報導——
大部分的兒童氣喘病、異位性皮膚炎是由塵蟎引起的。
咳！
我把這件事告訴媽媽。
外公看到的應該是廣告，因為新聞不會要人家買東西，
採訪路人的影片也是安排好的。
這樣把廣告做得和新聞很像，算不算違法呢？

在傳統的觀念裡，廣告和新聞應該是很明顯的不同類型；事實上，它們就像任何兩個不同的人，總是找得到共通點；如果刻意模仿，更可能唯妙唯肖。當今的媒體呈現方式，閱聽人想要區別廣告和新聞，還得接受媒體素養的「特殊訓練」呢！

廣告和新聞一樣，原則上都必須提供真實的訊息；如果過於誇大效果，會有廣告不實的爭議。不同的是，廣告可以進行藝術的誇張，允許表現手法的虛構，包括模仿新聞手法來陳述廣告訊息。

一篇典型的新聞化廣告文章，會和真的新聞一樣加上標題；匆促瀏覽之下，讀者難以分辨這是新聞還是廣告。例如，標題寫著「臺灣兒童疾病最新統計：百分之九十氣喘病和百分之七皮膚炎與塵蟎有關」，必須仔細讀了「報導」之後，才會知道這是一篇賣寢具的廣告。

廣告主這麼做的目的，是希望利用讀者對新聞的信賴，增加廣告說服效果。由於讀者相信新聞本身具有真實性、客觀性的特點，突然看見新聞報導某種產品，很容易相信這些產品「品質可靠、效果是真的」，因此提高了購買的慾望。

電視廣告的新聞化，是指廣告採用新聞快報形式來介紹商品或服務。這類的廣告採用「業餘的」手持攝影機拍攝方式，搭配自然的聲光感覺，營造真實般的效果，讓觀眾相信畫面沒有經過精心安排。例如，街頭隨機採訪路人，請對方談談對某洗髮精的感想。

新聞形式的廣告，如果插播在節目之間，觀眾會有經驗判斷這是廣告；如果出現在報紙，因為宣傳稿的寫作格式和一般新聞雷同，讀者較難判斷。

辨識報紙廣告的基本方法，可以先查看版面最上方的版名，是否直接寫著「廣告」、「工商服務」？或者是提供房地產、車市、化妝品、流行趨勢等消費訊息的「××專刊」、「○○新訊」，以及各種展覽活動的「△△專版」？此外，包裝成「專題報導」、「企業專訪」也是常見的廣告新聞化手法。

不過，報紙新聞版面常有上半版刊登新聞、下半版刊登廣告的情形，的確容易產生混淆。這時候，就要細心的留意文章開頭有沒有標明採訪記者的名字，以及報導的地點？如果是外電新聞，有沒有註明編譯自哪個通訊社？是誰負責編譯？如果沒有提供這些訊息，就可能是廣告。

把廣告做得和新聞很像，只要沒有廣告不實，並不違法；就像同學把資訊教室的電腦用來玩線上遊戲一樣，老師通常只「道德勸說」，不會記過。如果是把原本無償的新聞計價賣出，做得和廣告一樣，就必須以法律來規範，保障閱聽人的權利。

話說回來，你的兒童節禮物有著外公的愛心，這比任何新聞都真實呵！

觀察交流站

網路上的廣告策略

在網路上，因為網頁的連結是一種多媒體的互動設計，廣告不僅可以和新聞出現在同一網頁，還可以搭配新聞屬性出現相關的廣告。

請選擇一個新聞入口網站，觀察上面出現的廣告與新聞的關係：

- 這個網站的首頁上有多少個廣告？
- 這些廣告分布的位置在網頁的哪些地方？
- 這些廣告的位置會不會干擾你找尋或閱讀新聞？
- 點選不同類別的新聞，出現的廣告有沒有不同？
- 你會不會因為好奇，想點選新聞旁邊的廣告連結？

關鍵祕密

媒體素養

能夠正確使用、理解和思辨媒體訊息，並且能利用媒體進一步自己產製和傳布訊息的能力；這種能力通常需要教育的培養才能具備。

新聞快報

原指在非新聞時段插播最新發生的重要訊息；網路線上新聞的快報，則是一則則尚未深入採訪的新聞短訊。

我家有臺增胖機

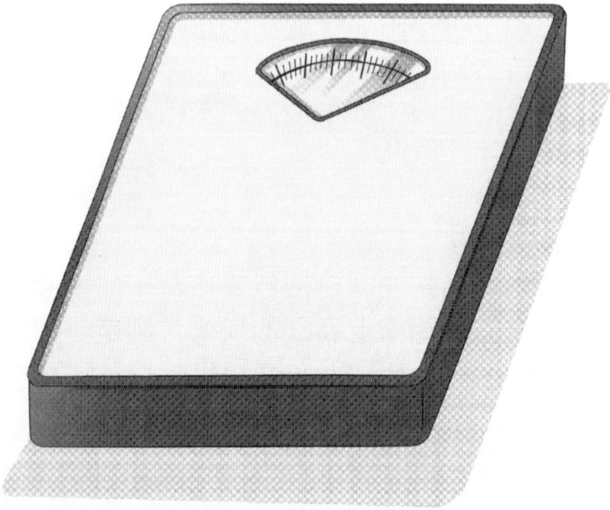

現在的小孩愈來愈胖，為什麼

大人也說是看電視造成的？

看電視❤
每天電視看那麼多，都看成小胖子了。
爸爸自己才是大胖子，我的身材根本是遺傳自他，和看電視沒關係。
可是，我怎樣證明給他看呢？
又變重了…

如果舉辦一項「電視惡行排行榜」選拔活動，號召天下的父母們參與投票，只要提出這項研究事實：每天看電視超過兩小時，肥胖風險比一般人高出百分之三十四，「看電視會變胖」一定高票衝上前三名。

所以，你想證明自己的身材是天生的、和看電視的習慣無關，也必須提出事實説服父母。有三個基本問題可以做為你蒐集事實的方向。

問題一：看電視時，你是不是一直坐著不動？人體需要能量才能活動，這些能量的供應來自食物，普遍以「卡路里」（又簡稱「卡」），英文為calorie，簡寫為cal），做為計算食物所含能量（又稱熱量）的單位。長時間坐著看電視，身體的活動量減少了，只消耗很少的卡路里，不利於保持標準體重。

問題二：看電視時，你有沒有一直吃零食？邊看電視邊吃東西，不知不覺就增加卡路里的攝取，體重自然往上攀升。

問題三：看了電視食品廣告之後，你會不會買來吃吃看？兒童收看電視的時段，經常會播出可樂、汽水、糖果、薯條、洋芋片、漢堡等食品廣告，這些食品大多含有高糖、高鹽、高脂，唯獨有益健康的營養成分不足，吃了只會囤積多餘的熱量，不會讓你產生力量。

根據國際消費者組織聯盟的專家統計，全球兒童每十個人中有一人超重，換算為人數是一億五千五百萬人，其中又有三至四千萬兒童屬於過度肥胖。一個人胖是個人私事；如果愈來愈多小孩變胖，這可是國家大事。因為，這些小胖子有三分之一在成年後還是胖子，而且罹患糖尿病、心臟病和中風等心血管疾病的風險升高，增加了社會醫療支出成本。

因此，該聯盟在二〇〇九年的三一五世界消費者日，呼籲全球會員共同參與「拒絕對兒童行銷不健康食品活動」，並建議世界衛生組織制定出一套規範不健康食品行銷方式的國際性守則。

英國政府率先響應，規定兒童節目和黃金時段禁播「垃圾食品」廣告；愛爾蘭則限制兒童崇拜的名人偶像代言兒童廣告，糖果廣告必須提醒兒童保持口腔衛生及清潔；加拿大禁止在兒童食品廣告中強調最省錢、最優惠等語詞。

當你瞭解看電視和肥胖之間的關係，其實是來自於卡路里的攝取時，可以記錄自己每天看電視時間和飲食習慣，用「客觀的統計數據」來向爸爸證明。如果你的紀錄顯示，每天看電視不超過兩小時，也沒有邊看電視邊吃東西，你們家人的身材便真的可能來自遺傳。

如果你察覺到自己容易受到廣告影響，經常花錢買高熱量、低營養的零食，建議你採取行動，幫助自己克服弱點。關掉誘惑你增胖的電視機，拉著爸爸一起出門去運動，消耗多餘的卡路里。你一定可以做得到！

觀察交流站

廣告動腦會議

假設你和朋友組成行銷創意團隊，你們接到了一家速食業者的委託，設計廣告吸引親子到這家連鎖速食店用餐。

你可以選任何一支速食廣告來觀察：

- 這支廣告的主要觀眾群是孩子還是父母？
- 廣告裡的用餐氣氛如何？
- 廣告內容強調的重點是什麼？
- 有沒有出現代言人？代言人的專長和產品形象有沒有關係？
- 根據以上觀察，你們負責設計的廣告會不會有不同考量？

關鍵祕密

黃金時段

形容收視率最高的時段的用語。不同國家因為生活作息不同，黃金時段會有所不同，臺灣一般是在晚上七點到九點。由於這是闔家觀賞電視的時段，一般頻道必須播放普遍級節目，電影頻道可播送輔導級影片。

世界消費者日

一九八三年起，國際消費者組織聯盟訂定每年三月十五日為世界消費者日，擴大舉辦消費者權益宣導活動。每年的活動都會擬定宣導主題，由全球各地的相關單位、團體同步辦理，以落實消費者保護運動，建立公平的消費環境。

近視愛電視

為什麼大人老是說近視是看電視造成的？

妳喔，
電視看太多才會近視。
阿媽因為我近視就說是看電視造成的，
我爸還開玩笑——
家裡的電視機越來越大，
你的眼睛越來越小。
平常我要去補習，只能看兩小時電視，他們看的比我還多呢！
哈哈……

請你回想看看，你什麼時候第一次成功的按下遙控器、自己打開電視看得手舞足蹈？據調查，一歲半的幼兒就會自行拿著遙控器開機。從這時候開始，爸媽總是擔心孩子離電視機太近、看太多電視，常常嘮叨：「講也講不聽，以後近視眼怎麼辦？」

看電視應該是輕鬆的娛樂時光，誰都不喜歡一直被嘮叨；不過，研究證據支持爸媽嘮叨有理呵！因為，近視、肥胖、糖尿病、營養失衡等現代人最流行的疾病，都被證明和看電視有關。

近視特別喜歡把電視當作「好夥伴」，原因和我們眨眼睛有關。人眼平均二至八秒鐘就會反射性眨一次，一般人一分鐘眨眼約十五次；你可能知道，這是因為眼瞼要保護眼球，所以靠眨眼來幫助濕潤角膜，使它不會乾燥。其實，眨眼也有助於眼球迅速調整焦距，恢復敏銳的視力。

當我們在看近物時，眼球內外有好多條肌肉必須收縮，協助水晶體找到最清楚的視線。這時候，因為所看的物體發出的光線比較強烈，肌肉也需要工作讓瞳孔縮小來減少光線進入；直到我們望向遠方，這些眼球肌肉才能得到放鬆的機會。

長時間近距離用眼，會讓眼球肌肉工作超時而過於疲勞，無法發揮調整焦距的功能；如此一來，眼睛就只能看清近的物體，看遠方就模糊了。

電視螢幕的影像是由數不清的小小螢光點組成的；這些螢光點每秒閃動五十到六十次，頻率高過眨眼跟得上的速度。此外，螢幕發射出來的光線包括輻射線，容易傷害視網膜。可想而知，眼睛盯著電視時多麼容易疲勞；更何況，看得太專心的時候，你可能忘了眨眼呢！

眼球到十六歲才停止發育；近視年齡愈早，度數進展越快，容易演變成高度近視。家長知道這些後果，當然不希望心愛的寶貝小小年紀就得依賴眼鏡。

電視的發明是為了讓我們看到遠處的影像；卻因為過度使用，而成了近視的最愛。我們必須學會打擊「惡視力」的防身術，才不會被電視擊倒，安心的利用電視休閒和獲取新知。

基本招數是：螢幕的位置略低於眼睛；看電視時室內燈不可全關，也不要讓陽光或是燈光直射螢幕形成反光而傷害眼睛；和電視保持至少一公尺半的距離；避免連續看電視超過一小時；記得多眨幾下眼睛，並多看遠處。

看太多電視對成人的健康同樣不好；更重要的是，這是對小孩的負面示範。你可以請求阿媽和爸媽陪你一起鍛鍊打擊「惡視力」防身術，因為他們是你最親愛的家人。

觀察交流站

節目規畫師

電視臺通常會調查不同年齡層觀眾的作息時間，安排某個節目在它可能擁有最多觀眾群的時段播出。

請你找一份有刊登電視節目表的報紙，把各頻道適合你的年齡收看的節目圈起來，歸納一下：

- 這些節目集中在什麼時段播出？
- 這個時段是你可以看電視的時間嗎？
- 這些節目的內容有哪些主題？
- 這些主題中有你最想看的嗎？
- 你認為，在哪一個時段播出什麼主題的節目，能吸引最多和你同齡的觀眾收看呢？

關鍵祕密

「電視」一詞的由來

當發明家找到把圖象和聲音轉變成電子訊號的方法，電視的概念就開始被討論和探索。西元一九〇〇年的巴黎世界博覽會上，電視的英文「television」這個詞第一次被使用；它是由希臘語的tele（遠方）和拉丁語的vision（看見）組合在一起的新字，代表電視技術的發明是讓人類「看得見遠方的物體」。

輻射線

輻射是指由一點向四周發射的意思；例如，物體向周圍散發出光和熱，這也是一種輻射的現象。輻射線是物體所發出的波長不等的電磁波，從長波到短波依序可分為無線電波、微波、紅外線、可見光、紫外線、X射線和伽馬射線等。輻射線雖然應用廣泛，但直接照射人體會引起傷害。

公益臺

今天不上學

可不可以不去上學，在家一天

看十小時教育節目學習知識？

英文
媽媽買了一套英語學習教材，要求我每天看半小時。
Good morning！
我發現，看影片學英語比上課有趣；
Hello！
而且，這套教材還有網站，可以在線上和老師練習對話。
Good morning
如果每個科目都買教材和利用網路學習，
是不是就可以不用去上學和補習了？

生動的示範、可愛的動畫、多變的畫面、悅耳的音樂、突出的音效……電視的影音效果令人著迷，看影片學知識的確比課堂上聽老師一人講解有趣多了。關於你提出來的，利用教育節目和學習型網站在家自學的點子，應該是很多學生的共同夢想。我們先比照上課時間來規畫一星期的課表，實驗看看可不可行。

首先，你必須找出適合語文、數學、社會、自然與科技、藝術與人文等學科教材的節目或DVD，擬定一星期的收視計畫表。這並不困難，因為電視和網路就像百科全書，具有容納廣泛知識的特點，包括體育、美勞、音樂等節目都無所不有，甚至有兒童烹飪教學。

不過，看電視和上課有些明顯的差異；例如，「下課時間」的安排就很不同。如果你的計畫表中安排收看電視臺播出的節目，你這時難免會面臨廣告的干擾；廣告時間算不算下課時間呢？是否要先關機或轉臺？下課活動做些什麼事好呢？

要記得，現在的情境是：你單獨在家看電視，沒有同學和老師跟你互動；所以，下課沒有聊天對象，上課時更沒有機會使用最重要的學習工具——提問。只是眼睛盯著螢幕看，並不等於學會知識；必須進一步主動與人討論，才能得到學習的效果。影片中的角色如果能和螢幕前的你互動越多，越能協助你深入瞭解內容；很可惜，他們不可能從電視機走出來，像課堂上的老師一般隨時為你解答疑惑。

電視的發明為人類帶來拓展視野、掌握新知的好處；選擇好節目收看，我們能跟著電視去認識不同的世界，看到課本上教的知識活現在眼前。例如，喜歡天文的人，在家中就能看到太空梭升空；喜歡生態的人，按一按遙控器就能重複觀察蛹羽化成彩蝶的細節。若沒有電視傳輸畫面，這是辦不到的任務。

因此，有些國家特別開辦了教育電視，專門播送教育節目。根據研究，每天適度收看一至兩小時的教育節目，學習效果最佳；每天看電視超過三小時的學生，學習表現最差。按照你「一天看十小時教育節目」的計畫，長期實施之後，因為缺乏電視之外的學習刺激，你能學到的知識，很快就會落後於背著書包上學去的同學了。

每天看半小時內容紮實、設計活潑的影音教材，剛好符合吸引你注意力的時間。充滿聲光刺激的畫面看久了，眼睛會累，身體也會覺得疲倦；建議你在電視和電腦的旁邊擺放各式各樣的休閒物品，例如書籍、玩具、拼圖等，提醒自己做些不同的休閒活動。平時培養良好的使用習慣，電視和網站才會成為你的學習好夥伴。

觀察交流站

優質兒童節目評審

臺灣媒體觀察教育基金會定期邀請學者、家長和兒童評選兒童節目，每三個月公布推薦的優質兒童節目名單。

請選一個你最常觀看的節目，以評審的眼光來觀察這個節目的表現：

- 介紹的內容適不適合你的年齡觀看？
- 製作是否過於粗糙，例如畫面太單調或道具布景貧乏？
- 主持人會不會刻意的表現出幼稚的言行？
- 有沒有互動設計讓你覺得有參與感？
- 滿分是五顆星，你會給這節目幾顆星？

關鍵祕密

學習型網站

透過網路的連接與互動性，讓學習者可以依自己的興趣選擇自己想要學習的內容，以達到適性學習的目的。大致可分為提供各類知識的一般學習網站、結合線上遊戲的遊戲式學習網站、以及需要多人一起參與的合作式學習網站等三類。

教育電視

特定的電視臺或頻道，負責製播有教育功能的節目，利用大眾媒體的普及性，讓觀眾透過收看電視來學習。通常會針對就學中的觀眾群，製播配合學科內容的節目，輔助老師進行教學。

我的作品上電視了

希望電視臺播出我們的作品，需要哪些條件？

我喜歡用手機拍短片，然後傳到網路上，
很多網友都說我拍得很好笑。
拍的很好耶
MASA 2天以前
哈！好好笑
CORA 4天以前
其中有一支的點閱人次還超過一萬人呵！
10,385
我希望我的作品可以在電視臺播出。
這是不是要等我長大後讀傳播系、以後把拍片當職業才有機會實現？
畢業證書

拍片並不是媒體從業人員的專利；經常有素人自拍的影片，在影音分享網站大受歡迎的例子。這些素人作品上電視播映的機會，除了因高人氣被動接受報導之外，其實還可以主動申請有線電視的公用頻道，使自己的創意被更多人看見。

一九四八年聯合國通過的《世界人權宣言》第十九條指出，人人有權享受主張和發表意見的自由；這項權利被稱作「傳播權」，包括不受限制、能夠充分獲得資訊的「知的權利」，以及透過媒體表達不同主張的「媒體近用權」。因此，報社、電臺、電視臺等大眾媒體必須開放版面或時段，提供有需要發聲的社會大眾發表文章或製作節目。

為落實媒體近用權，臺灣的《有線廣播電視法》第二十五條規定，有線電視業者應提供一個以上的公用頻道，讓政府機關、民間團體、學校、社區組織以及民眾免費使用。目前，臺灣各地的公用頻道都安排在第三頻道。

傳播權的擁有是不分年齡的。在一九八九年，聯合國又進一步通過〈兒童權利公約〉，其中第十三條，明確保障了兒童的傳播權。但是，拍得很好笑的影片不一定能上電視。申請公用頻道最主要的條件是，你拍攝的內容必須符合公益性、藝文性或社教性。

你的鏡頭可以關懷生活周遭的公共議題，例如人文、民俗、弱勢、環保、社區營造、生態等，都符合公用頻道節目範圍；只要發揮創意，這類題材的影片也能拍得很好玩。例如，現在臺灣有許多新移民家庭，如果請小孩和媽媽一起示範烹飪不同國家的美食，就是很棒的交流節目。

當你想為影片配樂時，得特別注意著作權的問題。網路上有創用CC標示的音樂，才能下載使用；而且，你必須提出授權證明，才能在公用頻道公開播送。

投稿公用頻道的影片還應該注意錄製格式。電視臺目前普遍要求DVD以上品質，也就是每一個畫面大小至少要720 × 480畫素；手機錄製的影像放大到電視螢幕上，容易變得模糊，建議你升級家用DV錄影機來拍攝作品。

另外，有線電視業者為了方便編排節目表，會規定申請播送的影片長度，最好以三十分鐘、六十分鐘、九十分鐘或一百二十分鐘為單位。如果你的短片僅有數分鐘，就必須動腦筋多拍幾支同主題的作品，再整合為適合電視播出的長度。

公用頻道就像媒體世界裡的公園一般，需要大家共同遵守使用規則，即使是中小學生也歡迎進來玩耍，實現你作品上電視的夢想。

觀察交流站

公用頻道節目表

公共頻道也稱作社區頻道或社區電視。

請翻閱你家裝設的有線電視系統所提供的節目手冊，或利用網站查詢，找到第三頻道的節目表，並且選擇收看一個節目，進行以下的觀察：

- 這個頻道一天播出幾小時？
- 從節目名稱來判斷，這個頻道包括哪些類型節目？
- 你所收看的節目畫面上顯示的頻道名稱是什麼？
- 這個節目傳達的內容和誰有關？
- 你認為這個節目可能的收看對象有哪些人？

關鍵祕密

素人

日文的漢字用語，意指在某些事物上沒什麼經驗的普通人或業餘愛好者。用在影視領域，就是指並非從事影視相關工作，但是有高度興趣自行創作的愛好者，也可以指稱未經修飾、妝扮而受邀上電視的一般大眾。

創用CC

CC是Creative Commons的縮寫，這是一種針對受著作權保護之作品所設計的公眾授權模式。任何人在著作權人所設定的授權條件下，都可以自由使用創用CC授權的著作；這些條件包括：要求使用人必須標示創作人姓名、不能使用於商業用途，也可以要求禁止改作，或改作的作品必須以同樣的創用CC方式與公眾共享。

壞蛋躲在哪裡

為什麼媒體呈現的社會治安那麼亂？

我會不會被傷害？

放學後，我經常和同學一起走小巷子回家。
昨天我媽媽告訴我不要再走這種小路了。
因為新聞說有壞人躲在竹林裡攻擊經過的國中女生。
現在社會上有那麼多歹徒，我擔心是不是運氣不好就會成為被害人……

新聞偏好報導不尋常的事情，所以說「狗咬人不是新聞，人咬狗才是新聞」。當我們在電視、報紙、網路等媒體上看到一件接著一件的犯罪報導，很容易以為這是經常發生的事件；其實，這些事件是因為「不尋常」才具有新聞價值。

戲劇節目也喜歡安排反派角色極力使壞，讓好人受盡欺侮，警察束手無策；在最後一集才來個大逆轉——壞人終於認錯懺悔獲得諒解，或者下場淒慘、大快人心。這是因為戲劇必須藉由強調衝突的張力，維持觀眾想知道「接下來會發生什麼事」的興趣；所以，各角色的言行反應必須比一般真實人物來得誇張。

我認識一個很喜歡看鬼片的二年級小男生，他還是說鬼故事的高手哩！有他在的場合，我們會故意把燈關掉，聽他聲音和表情十足的說鬼故事。

你喜不喜歡聽鬼故事？是不是因為喜歡聽，所以聽的時候不會害怕？因為不會怕，所以你愛看靈異節目，聽來賓談遇鬼的經驗，也看過許多鬼片？如果上面的答案都是「是」，就再問一個問題：你相信這個世界有鬼的存在嗎？

電視上有許多的節目含有暴力的情節；製作群設計這種內容的理由，其實和鬼故事一樣：「觀眾喜歡看」。他們從收視率發現，愈暴力觀眾愈想看，因為覺得這類型的影像很刺激、有高度娛樂性。

但是，後遺症來了。常觀看暴力節目者，他們的腦海裡總是浮現暴力影像，他們也會比少看電視的人更相信戲劇演的犯罪情節都是真的。新聞報導的案件時常發生，並且產生「貧窮地區犯罪率高」、「警察抓不到壞人」等刻板印象，收視者關掉電視以後便容易有不安全感；就像聽完鬼故事之後，總以為暗暗的房間裡似乎有奇怪的聲音。

由於媒體太容易影響觀眾和讀者對於社會的觀感，所以有部分人士主張媒體應該呈現正面的訊息。然而，如果新聞都報導好人好事，戲劇都演好人奮鬥成功、回饋社會的勵志故事，你會不會相信這個世界都是好人，不會有任何人受害呢？我知道，你才不會有這麼天真的想法。

看到不尋常的社會新聞時，值得留意的是事件發生的地點；如果和你的住家在同一個村或里，這時確實應該提高警覺，但不需要太過緊張。你的父母、老師會留意你的安全，加上懂得自我保護——例如不單獨前往偏僻的角落、網咖等，讓壞人無機可乘，不必靠運氣就能保平安。

觀察交流站

造型設計師

戲劇節目中的每一位演員，無論戲份多寡，都是經過造型師設計服飾、裝扮，以符合劇中角色的個性、職業、家庭背景等特質。

選擇一齣平時和家人一起收視的戲劇節目，觀察一下：

- 劇中的壞人是男性還是女性呢？
- 劇中的被害人是男性還是女性呢？
- 劇中壞人的服裝和外表有什麼特徵？
- 劇中的被害人服裝和外表有什麼特徵？
- 假設這個演壞人的演員穿上警察服裝，你認為他像警察嗎？

關鍵祕密

刻板印象

在沒有充足的時間瞭解某人、事、物的情況下，就把這個人歸類在某一類族群，然後用對這一個族群的普遍偏見來下評語，另一種說法稱作「貼標籤」。例如，「胖子都很貪吃」就是一種外表的刻板印象；因此，看到胖的人就認定對方一定貪吃。

社會新聞

涉及群眾日常生活的社會事件、社會問題、社會風貌的報導都屬於社會新聞。但是，媒體大多偏向報導各類社會事件，例如犯罪、災難、車禍等負面新聞，較少人情趣味、好人好事等正面報導，並缺乏探討社會問題的深入分析，使得社會新聞常未發揮引導大眾思考「如何促進社會和諧」的功能。

聰明使用搜尋引擎

網路資料那麼多，怎樣找到交作業要用的內容？

各位同學，這禮拜的作業要寫電影的觀影心得，
並且延伸介紹你所看的故事裡的國家或地點。
馬拉松小子
我去租了《馬拉松小子》回家看。
喀！
看完後我上網找觀影心得想參考。
馬拉松小子觀影心得
Google 搜尋
為什麼怎麼找都是大同小異的劇情和介紹呀？

網路世界就像一座大型的虛擬圖書館，儲存著大量的資訊，「上網」已經成為現代人取得資訊的主要管道。網際網路就像一位無所不知的家庭教師，只要透過「搜尋引擎」，輸入關鍵字問問題，它就會立即回應你所有可能的答案。

雖然網路資訊非常多元且豐富，但它並未像實體圖書館一般，有完善的館藏分類和流通管理，使得網路環境有如迷宮般，常讓使用者找不到正確答案所在。這樣的虛擬教師只負責給你一堆連結，卻無法幫你判斷哪些資訊是你真正需要的。

所以，蒐集資訊最有效的途徑，還是得靠自己的思考。第一個方法，是選擇獨特的關鍵字。查資料的時候，我猜你一定是在搜尋引擎裡直接打

「馬拉松小子」五個字，對吧？查出來當然是成千上百個網站，裡面的資料拉拉雜雜、雷同性高，甚至可能和這部電影毫無相關。

有效率的查法應該是先清楚自己「到底要怎麼樣的資訊？」然後輸入較為獨特的關鍵字，才能找到符合焦點的資料；尤其你的作業是「觀影心得」，更需要先確知自己有興趣討論的議題。例如，你注意到電影中有一句重要的對白，輸入這句對白就比輸入電影名稱好用，說不定能找到編劇寫出這句對白的背景。

另一個方法是尋找關鍵網站。關鍵網站是指在某個領域上能提供最新消息，經常更新資料的網站；通常，主事單位建置的官方網站便是第一個值得拜訪的網站。例如，電影故事發生在韓國，你就可以先拜訪「韓國觀光公社」網站，建立對韓國的基本認識；再透過官網上提供的相關網站連結，逐步擴大搜尋範圍。

曾經有位同學告訴我：「上網徵求網友給答案最有效率啦！」你也這麼想過嗎？其實，網路具有近用性和匿名性的特質，每個人都可以是資訊的接收者或發布者，而且發布者可以隱匿身分、性別、年齡等個人訊息；於是，許多資訊未經過專家過濾和驗證就被上傳，到處傳播。

有不少網友回答知識的提問，是將在網路上蒐集到的內容複製、貼上，根本未經過整理，也未查證正確性，反而浪費你更多的時間瀏覽。雖然有少數網友會認真作答，可是他寫作的程度並非是你平常表現的程度，很容易被老師拆穿哩！

這部電影為什麼感動了媽媽呢？它是否也感動了你呢？你可以寫下和媽媽的討論，以及自己最有感觸的段落、角色、動作等，忠實的表達自己的想法，就是一篇獨特的心得了。

觀察交流站

體驗維基百科

維基百科（Wikipedia）是許多人喜歡光臨的網站，它容許任何人加入建立條目、編輯網頁內容，以團隊合作的寫作方式，創造包羅萬象的線上知識百科。

試著在搜尋引擎輸入一個你有興趣的關鍵字，觀察一下：

- 有沒有出現維基百科的連結？
- 這個連結的排序是不是出現在很前面？
- 點選連結，網頁裡的資料豐不豐富？
- 選讀一段資料，是不是清楚易懂？
- 瀏覽整個網頁，這些資料有沒有經過很好的組織？

關鍵祕密

搜尋引擎

指網路上查找準確資訊的程式工具，例如Google。「引擎」是英文engine的音譯詞，意思是發動機。搜尋引擎在網際迷宮中發動，搜集資訊，並提供檢索和連結服務，有如導航的功能，因此又被稱為「網路門戶」。

關鍵字

源自於圖書館學，意指在製作或使用索引時所使用到的詞彙，例如一本書的書名、副標題、作者名字等，都可以作為該書的關鍵字，方便讀者檢索。網際網路興起後，用戶也常使用關鍵字方式在網路上搜尋資料，由此還發展出關鍵字廣告——商家購買與產品或服務相關的關鍵字，當網友在搜尋引擎鍵入相關關鍵字，廣告就會在搜尋結果的網頁顯著位置曝光。

千里友誼一線牽

網路陷阱那麼多，在網路上怎樣交到好朋友？

我參加科學營的時候認識了幾位新朋友。
我們交換電子信箱保持聯絡！
我和他們會用MSN聊天。
後來媽媽知道了，就禁止我上網一星期。
我又不是交壞朋友，
為什麼媽媽不相信我呢？

就如國與國之間稱為「國際」一般，電腦與電腦之間所串聯的全球性互聯網絡，稱作「網際」，使用者稱為「網民」。隨著一九九一年全球資訊網創立，以及一九九九年部落格（Blog）開始流行，每天上網收發電子郵件、瀏覽網頁、寫網誌、線上購物等行為，已經成為越來越多人的生活方式。

你注意到了嗎？網際網路（internet）普及於人類社會的時間，和你的年齡差不多，甚至比你「年輕」哩！所以，你的媽媽在學生時代還沒有機會成為網民；她和作者我一樣，是用紙和筆寫信交朋友。那個年代，我們最常利用這種古老的「印刷媒體」。不過，我們偶爾也會打電話和朋友聊聊，算是進化到有聲音的「電子媒體」。當然，那時候沒有網路攝影機，想和朋友見面必須出門「約會」。

現在，出生在數位時代的你，懂得運用網路的技術，將各種溝通媒體如文字、圖像、聲音、影像、動畫等，結合成不同的「多媒體系統」，隨時隨地與不同時區、不同地點的人互通資訊，甚至不必出門就能面對面交談。這不是你媽媽熟悉的交友方式，因此會懷疑：這樣快速的交友過程可不可靠？會不會傷害到你？

你可以告訴媽媽，你勸同學留意線上遊戲聊天室充滿交友危機的事；並且告訴媽媽，你知道網路上自稱十二歲的小女生，可能已是四十歲的中年男子；言詞斯文有禮的人，可能真實的個性是粗鄙凶惡；一旦遇到網路害蟲時，你也一定會告訴她，並且利用電子郵件和即時通訊軟體的封鎖功能，拒絕與這類的網民往來。

如果這些努力你都做到了，仍然無法解除媽媽的禁令，我推測，她在意的應該是「你花了很多時間和網友聊天」，希望藉由「處罰」提醒你瞭解，網路不應該被用來聊天而已。在被禁止上網的這一星期中，你不妨思考一下，怎樣好好的利用網路通訊和存取的其他便捷功能呢？

部落格可以分享心情點滴，具有特定專長、興趣的人，通常藉由網誌來分享自己的知識、技術和作品，並且得到興趣相投的網友回饋意見；這時所認識的新朋友，就是能幫助你獲得有益訊息、提升創作功力的益友。

固定參與一個與你有共同興趣的網路家族，也是很好的選擇。家族就像是社團，成員可以透過討論區、酷連結、檔案庫、投票所等各項貼心功能的設計，彼此交流資訊和生活趣事；你們也可以定期聚會，例如相約參與活動等，就有機會成為真實生活中的好友。

在享受網路交友樂趣的同時，記得也讓家人認識你的新朋友，才能使你更快樂、更自由自在的遨遊於網路世界。

觀察交流站

網路家族家長

家長是網路家族的建立人，享有管理家族中成員名單、權限及家族各項事務的權利與義務。

如果你想和同學或是網友建立一個專屬於你們的家族，你必須觀察一下：

- 你們的共同興趣是什麼？
- 獲准加入你們的家族需要什麼條件？
- 需不需要有人擔任副家長或其他幹部？
- 需不需要限定成員人數以方便管理？
- 有哪些活動你們可以一起參加？

關鍵祕密

全球資訊網

英文為World Wide Web，網址http://之後的www，就是全球資訊網的縮寫。透過許多互相連結的超文字（hypertext）網頁組成的系統，把有用的相關資源組織在一起，形成了一個所謂的資訊「網」；利用網際網路，就可方便取得這張網內的任一網頁。

網路害蟲

第一個意思是透過網際網路散播的電腦病毒，被病毒植入的電腦輕則當機，重則遭駭客入侵及竊取資料；第二個意思是指利用網際網路從事犯罪、欺騙等行為的人。

謠言終結者

該不該把幸運信、好康消息傳出去和朋友分享？

通訊錄
刪除
回覆
轉寄
這是垃圾信
寄件者
主旨
琪琪 為你帶來好運
會長 開會資訊
小美 通訊錄
班長 課表 8:08 AM
安安 出遊照片 昨天,7:..
為你帶來好運的信？
這封信必須在24小時內傳給所有認識的人，5天內就會有好事降臨❤
如果刪掉的話，家人會發生不幸！
還有真實案例……
好像怪怪的，不想發給朋友；可是，我也不敢把信刪掉……

你收到的幸運信是屬於連鎖信的一種；假設你的同學依照信中的指示轉寄給三十個人，這三十個人再每人轉寄給三十個人，以此類推，就能產生滾雪球一般的龐大連鎖效應。

在沒有網路的時代，我所收到的幸運信是用手寫或複印的方式流傳，但是手法和現在大同小異。信的內容通常會先告知一個起源故事，再誇耀「本信已經環繞地球N遍」，接著要求收信人在限定時間內抄寫或影印M張寄給所愛的人，如此能為他們帶來好運；如果不照做，自己就會遭遇厄運。

因為信中的語氣帶著恐嚇，又舉出某某人寄了信就發生好事、某某人不理會就突然死亡之類的「證據」，容易令人產生「寧可信其有」的害怕心理；這讓收信者非但沒有幸運的喜悅，反而引起不舒服的感受。你選擇不把這樣的困擾丟給朋友，是有智慧又體貼的舉動。

你應該能發現，信中所謂的證人都是只提到名字，沒有明確的聯絡資訊與資料，所以這只是一個「查無此人」的惡作劇謠言，你可以放心刪除。除了e-mail，「現代版」的連鎖信也常透過即時通訊、部落格、社群網站、甚至手機簡訊散布，並且告訴你，如果沒送出這封消息，帳戶將被刪除，這當然也不是真實的。

網路連鎖信的類型五花八門；無論是好文分享、心理測驗、美景照片、好康郵件（例如下載折價券）、尋人郵件（例如尋找失蹤兒）、愛心郵件（例如骨髓配對、勵志小故事）、警告郵件（例如小心詐騙新花招）等等，只要文末出現「請把這封信寄給所有你認識的人」的要求，都算是連鎖信。

這些連鎖信流傳的目的並非分享而已，它很可能是有心人用來蒐集電郵帳號的工具，做為發送垃圾郵件的名單；更嚴重者，有的郵件會夾帶病毒檔案，造成電腦裡的資料毀損；或者不小心下載惡意程式，令收件人淪為網路釣魚的受害者。

因此，收到任何連鎖信時，你應該先留意信件有無奇怪的附加檔案？信的內容有無提供陌生的網頁連結？如果有，最好刪除、不予理會。

如果確定是家人和認識的朋友寄來的無害郵件，你也想轉寄其他人分享，可以使用「新增密件副本」的功能，隱藏收件者的電郵帳號。

平時在班上與同學和樂相處，在網路上懂得使用禮儀，讓自己「擁有好人緣」就是一件幸運的事。

觀察交流站

謠言終結者

愈來愈多人使用網路做為求助管道，希望大家幫忙轉寄。然而，多數的求救信可能多年前就開始流傳，被網友更新日期之後再度流傳；也可能是網友編造的故事。

你不妨選擇一則網路傳布的訊息，觀察有沒有真實性的破綻：

- 有沒有提供聯繫的人名和電話？
- 如果是由機構發出，是不是找得到該機構的網站，可得知最新消息？
- 是不是提到轉寄郵件就能得到某知名公司捐款給當事人？
  - 有沒有提供這家知名公司承辦人的姓名和聯繫電話？
  - 當事人的年齡與求助日期對照下合不合理？

關鍵祕密

社群網站

社群是指，一群人在工作、環境或生活關係上有共同目標、需求或興趣，因而集結成的組織、團體。社群網站是一種網絡服務網站，旨在幫助人們建立虛擬社群，不需要面對面接觸，彼此也能在網路上進行溝通、資訊分享、商品交易等互動。臉書（facebook）便是目前全球最大的社群網站。

網路釣魚

一種新興網路詐騙手法，乃是利用偽造電子郵件與網站作為「誘餌」，讓使用者不自覺輸入個人資料，電腦則可能被植入木馬程式，藉此竊取重要資料。最危險的情況是，釣魚者利用騙得的銀行帳號密碼、信用卡號與身分證字號等機密資料，伺機偷竊金錢或製造偽卡犯案。

關機的生活

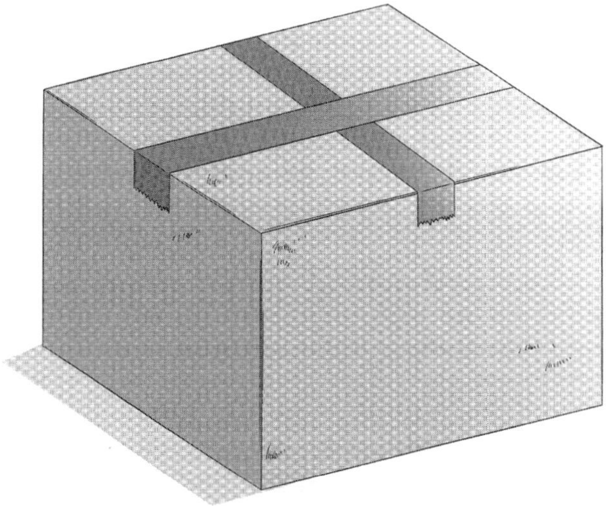

家裡沒有電視機，想看好節目該怎麼辦？

因為弟弟常常半夜起床偷看電視，所以爸爸把有線電視停掉半年，並且把電視機「寄放」姑姑家。
害我連喜歡的兒童科學節目都看不到了。
……
沒有電視看我覺得好無聊呵……
我也很不習慣啊！
而且，我們都不敢請同學到家裡來玩了。

如果小孩生病了，父母通常會趕緊帶去看醫生，牙齒痛就看牙醫，感冒就找小兒科醫師。因為牙齒痛和感冒都有急性的不舒服症狀，你這時候一定會贊同父母應該積極處理。

沉溺於電視當中就像是一種慢性病，雖然不會造成立即的危害，卻也因為如此，容易令人忽略了電視正逐漸侵蝕我們的生活，很可能影響身心健康。例如，干擾你弟弟的睡眠，讓他半夜起床看了刺激的摔角之後，就更睡得不好了。你的爸媽當然會認為有責任幫助他。

現代人已經習慣每天有電視作伴，突然要求全家戒掉電視癮，剛開始的確是挺困難的一件事情。換個角度想想，人類的生活似乎已經被電視給綁架了；爸媽的行動是為了爭取生活的自由支配權，他們需要你的協助，一起來幫助弟弟，才能成功擺脱電視的控制。

不看電視很無聊嗎？一九九五年的時候，由國際眾多民間團體參與的「關機運動組織」，在美國舉辦首次的「關閉電視週」，鼓勵大家在四月的最後一週關掉電視，試試七天不坐在電視機前面的生活是如何？臺灣也有民眾在二〇〇四年起開始響應。參與的人都表示，他們有更多的時間閱讀、學習、郊遊、參與社區活動、參觀展覽等，生活變得更豐富精采了。

不看電視能做什麼？沒有人可以給你答案，因為你可以有許多自己的選擇。建議你和弟弟玩個小遊戲，輪流記錄不看電視的一天，家人做了哪些事，再小的事都要記下來；例如，幫媽媽打個蛋、發呆十分鐘、背三個英文單字……看到這份「不看電視成績單」，你們或許會有驚奇的發現。

你們可以拿出家裡的相機，創作自己的媒體內容；或者改聽收音機的兒童廣播電臺，一邊聽廣播，還能一邊從事輕鬆的活動。你還可以充當

DJ，播放音樂或故事CD；或者來個現場即興演奏，秀出拿手的樂器和歌曲……告訴你，我家的小孩還曾經在肚皮上畫個人臉、表演肚皮舞呢！

有趣的活動這麼多，同學到你家來玩時，說不定根本不曾留意到你家的電視消失了。至於你所喜歡的兒童科學節目，雖然暫時不能藉由電視收看，仍然可以利用電腦拜訪這個節目的官方網站，瞭解新的介紹內容；或者利用網站上提供的線上點閱，在適合的時間播放來看。

戰勝「非看電視不可的習慣」之後，你將發現，關機才是享受童年的開始。

觀察交流站

媒體日記

瞭解自己的媒體行為，是成為聰明觀眾的關鍵。

為你最近一個禮拜使用媒體的情形做一份日記，可用每小時的行事曆格式來設計，並且留欄位寫節目名稱。不妨也邀請你的朋友一起寫日記然後比較看看，好朋友在使用媒體時有沒有相同的模式？

- 你看電視的時間是否集中在某些時段？還是不固定？
- 你是否固定收看某些節目？還是隨機轉臺收看？
- 你是否偏好某類型節目？為什麼？
- 你是否會同時使用多種媒體？例如邊看電視、邊講電話？
- 在你這個年紀的社會團體中，你覺得自己是典型的觀眾嗎？

做自己的媒體

新的技術創造各種製造媒體的可能性；只要取得電腦軟體，你可以處理照片或影像、為報紙和雜誌排版、編輯影像和聲音，並且把你的作品放在網路上。這些技術越來越便宜，可以讓你的作品看起來非常專業。

DJ

英語Disc Jockey的簡稱，中文譯為「唱片騎師」。DJ擅長於選擇及播放事先錄好的音樂為他人帶來娛樂，工作地點可能是電視臺或廣播點唱節目，或者在一些聚會中表演，例如舞廳、派對、結婚典禮等。

Notes

Notes

Notes

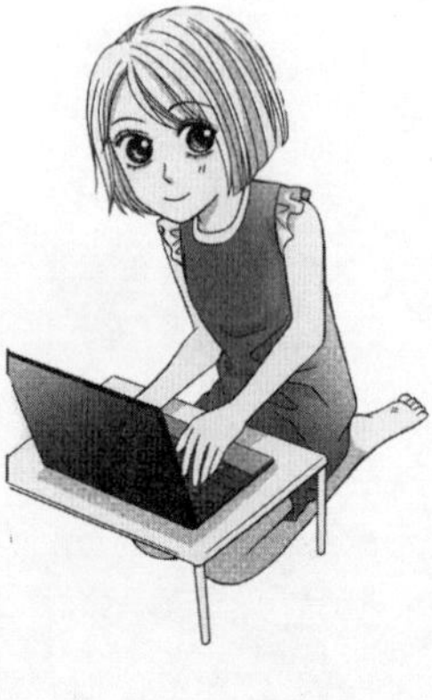

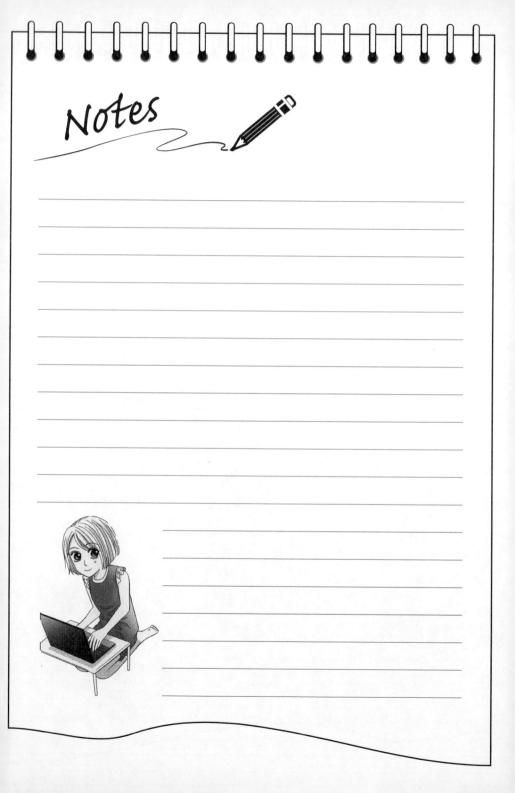

Notes

Notes

Notes

國家圖書館出版品預行編目資料

漫話媒體 / 李秀美作; 亦兒繪. -- 初版. -- 臺北市 : 慈濟傳播人文志業基金會, 2012.11
256面 ;15x21公分
ISBN 978-986-6644-75-7(平裝)
1.媒體 2.通俗作品
541.83　　101022421

親子列車008

漫話媒體

創辦者	釋證嚴
發行者	王端正
作者	李秀美
繪者	亦 兒
出版者	慈濟傳播人文志業基金會 11259臺北市北投區立德路2號
客服專線	02-28989898
傳真專線	02-28989993
郵政劃撥	19924552　經典雜誌
責任編輯	賴志銘、高琦懿
美術設計	尚璟設計整合行銷有限公司
印製者	禹利電子分色有限公司
經銷商	聯合發行股份有限公司 新北市新店區寶橋路235巷6弄6號2樓
電話	02-29178022
傳真	02-29156275
出版日	2012年12月初版1刷
建議售價	200元